Suizid...?
Beziehungen und die Suche nach Sinn

TVZ

mit Beiträgen von

Lytta Basset

Patricia Bernheim

Pierre Bühler

Dolores Angela Castelli Dransart

Thomas Hänel

Brigitte Heitger

Konrad Michel

Pascal Mösli

Hans-Balz Peter

Xavier Pommereau

Jacqueline Rutgers-Cardis

Hansjakob Schibler

Stefan Vanistendael

Marco Vannotti

Persönliche Berichte von

Anne

Diana

Charlie

Christiane

Suizid...?

BEZIEHUNGEN UND DIE SUCHE NACH SINN

herausgegeben von

Pascal Mösli, Hans-Balz Peter,
Jacqueline Rutgers-Cardis

TVZ
Theologischer Verlag Zürich

Die Texte von Lytta Basset, Pierre Bühler, Dolores Angela Castelli Dransart,
Xavier Pommereau, Jacqueline Rutgers-Cardis, Marco Vannotti, Charlie,
Christiane, Diana und Patricia Bernheim
wurden aus dem Französischen übersetzt von
Elisabeth Mainberger-Ruh

Die Deutsche Bibliothek – Bibliografische Einheitsaufnahme
Die Deutsche Bibliothek verzeichnet diese Publikation in der Deutschen
Nationalbibliografie; detaillierte bibliografische Daten sind im Internet über
<http://dnb.ddb.de> abrufbar.

Umschlaggestaltung: www.gapa.ch gataric, ackermann und partner, zürich
Satz und Layout: Fotosatz Engelhardt oHG, D-Hallstadt
Druck: ROSCH-BUCH, Scheßlitz

ISBN 3-290-17352-6

© 2005 Theologischer Verlag Zürich
www.tvz-verlag.ch

INHALT

Pascal Mösli, Hans-Balz Peter, Jacqueline Rutgers-Cardis

Die Bedrohung, die vom Suizid ausgeht

Menschen, die nach dem Suizid eines nahestehenden Angehörigen zurückbleiben, wissen es aus eigener, schmerzlicher Erfahrung: Der Suizid hinterlässt nicht nur eine tiefe Verletzung, weil der geliebte Mensch plötzlich nicht mehr da ist – der Suizid untergräbt auch ihre bisher als selbstverständlich erlebte existentielle Grundgewissheiten: das Vertrauen in die Tragfähigkeit ihrer Beziehungen, das Empfinden der Sinnhaftigkeit ihres Daseins.

Der Suizid torpediert ein psychosoziales Beziehungs- und Sinngefüge, das Hinterbliebene zuvor als wohlgeordnet und selbstverständlich erlebt haben und das ihnen Sicherheit und Beständigkeit vermittelt hat. Doch nicht nur die Beziehungen der unmittelbar Betroffenen sind durch einen Suizid in Frage gestellt, sondern ganz grundsätzlich die Verlässlichkeit des Lebens überhaupt: Mit jedem Suizid wird die zuvor theoretische Möglichkeit, das Leben selber zu beenden und damit alle Anstrengungen, die Kämpfe und das Leiden, das Aushalten der Ohnmacht und Leere, der Widersprüchlichkeiten und Ambivalenzen hinter sich zu lassen, real und spürbar in die Welt gesetzt. Damit hat diese Tat auch für die weitere Umgebung des Menschen, der sich das Leben genommen hat, eine aufwühlende und verunsichernde, manchmal auch eine verführerische, geradezu ansteckende Wirkung.

Aus diesem Umstand lässt sich die grosse Bedrohung erklären, die vom Suizid ausgeht: Der Suizid durchkreuzt die kulturellen Selbstverständlichkeiten grundsätzlicher Werte des Lebens und in der beziehungsmässigen Verantwortung von Menschen sich selbst, einander, einem Gott oder dem Leben gegenüber. Begleitende spüren diese Bedrohung unmittelbar, wenn sie wie in einem Sog mitgerissen zu werden drohen durch die Argumentation eines Suizidwilligen, der radikal die Sinnhaftigkeit seines Lebens bestreitet. Dafür bringt er einerseits viele, persönlich sehr nachvollziehbare Gründe ein, andererseits verbirgt er aber auch die eigene Ambivalenz und seine Zweifel hinter seinen Gründen. Damit bestreitet dieser Mensch nicht nur die Sinnhaftigkeit *seines* Lebens, sondern exemplarisch die Sinnhaftigkeit des Lebens überhaupt. Dies «könnte ja gerade die Faszination ... der suizidalen Tat ausmachen», nämlich, «dass der Suizidale ... seine eigene Souveränität dem Leben gegenüber mit seinem Tod präsentiert.»[1] Die massive und grundsätzliche Bedrohung der kulturellen Verständigungen über die Sinnhaftigkeit des Lebens lässt sich auch als Hintergrund jener abwehrenden Haltung vermuten, die im Laufe der Geschichte zur Diskriminierung der Menschen, die sich umbrachten, wie auch ihres Umfeldes geführt hat.

Dem Zusammenhang von Suizid und dem Erleben bzw. Konstruieren von Sinn und Beziehungen ging eine vom damaligen Institut für Sozialethik (heute Institut für Ethik und Theologie) des Schweizerischen Evangelischen Kirchenbundes und der Schweizerischen Gesellschaft für Krisenintervention und Suizidprophylaxe (SGKS) veranstaltete Fortbildungstagung nach, die im Herbst 2003 in Freiburg durchgeführt worden ist. Die Beiträge der Tagungsreferenten sind Grundlage der vorliegenden Veröffentlichung. Weiterführende Texte von Autorinnen und Autoren, welche den interdisziplinären Dialog der Tagung fortsetzen, ergänzen den Band. Wie im ersten Band (*Suizid ...? Aus dem Schatten eines Tabus*) zeigt sich auch hier, dass die vertiefte Behandlung von Fragen rund um die Suizidprävention und Nachsorge zu einem interdisziplinären Unternehmen geworden ist, in dem unterschiedliche Deutungen und Verstehenszugänge miteinander verbunden werden. Die früheren eher eindimensionalen, innerhalb der Person angesiedelten Deutungen (etwa das medizinische Modell des gestörten Gleichgewichts der körperlichen Säfte) oder die ausserhalb der Person angesiedelten Verstehenszugänge (so die religiöse Erklärung der Versuchung durch eine äussere destruktive Macht), die alle für sich in Anspruch nahmen, die Gründe für einen Suizid erklären zu können, sind heute durch eine Vielzahl von Deutungszugängen – soziologische, psychoanalytische, medizinische, lerntheoretische bzw. sozial-psychologische und religiöse Theorien – abgelöst worden. Dies hat natürlich auch Auswirkungen auf die uns interessierende Sinn- und Beziehungsfragen im Kontext des Suizids. Man wird diese Fragen je anders gewichten, ob man primär von einem soziologischen, einem psychologischen oder einem medizinischen Modell ausgeht. Dabei geht es nicht darum, ein «richtiges» Modell zu entwerfen, sondern es wird darum gehen müssen, integrative Modelle zu entwickeln, welche die unterschiedlichen Anschauungsweisen zu ihrem je relativen Recht kommen lassen. Diese Vielfalt kommt bewusst in der vorliegenden Publikation zum Ausdruck.

---

1 Matthias Grünewald. In: Suizid ...? Aus dem Schatten eines Tabus. Zürich, 2003, 52.

1. Teil: Sinnkonstruktion nach einem Suizid

Unsere heutige Gesellschaft kennt kein eindeutiges Verstehensmuster für Suizid. In der gegenwärtigen kulturellen Sichtweise des Suizids wird vorerst nur ausgesagt, dass es sich um einen ungewöhnlichen und unerwarteten, vor allem aber um einen absichtlich selbst herbeigeführten und damit grundsätzlich auch vermeidbaren Tod handelt. Mit diesen Bestimmungen kann aber noch nicht geklärt werden, wie die Entwicklung zu einem solchen Tod zu *verstehen* ist. Wenn hier auch keine von vornherein feststehende Deutung zur Verfügung steht, zeigt sich doch eine kollektive «Suchrichtung» in der Interpretation einer suizidalen Handlung: Dazu gehört die Tendenz, dass die Verantwortlichkeit für eine Selbsttötung eher Personen zugeschrieben wird und weniger sozialen oder gesamtgesellschaftlichen Bedingungen, unkontrollierbaren oder mystisch begründeten Umständen. Als mitverantwortlich angesehen werden dabei in erster Linie der bzw. die Ehe- oder Lebenspartner/in oder die Eltern, manchmal die Geschwister oder die Kinder des Suizidenten. So wird davon ausgegangen, dass die Verstehensfrage in erster Linie im sozialen Umfeld des verstorbenen Menschen angegangen werden muss und auch in diesem Kontext zu beantworten ist. Diese Erwartung trägt mit dazu bei, dass ein Suizid bei den Angehörigen oft schwere, wenn auch diffuse Schuldgefühle und damit im Hinblick auf ihre *eigene* Identität massive Probleme und Verunsicherungen auslöst. Sie fühlen sich selbst in Frage gestellt, manchmal unausgesprochen angeklagt und herausgefordert, eine eigene Sichtweise und Darstellung zu entwickeln, welche sie persönlich und in den Augen der Umwelt zu entlasten vermag.

Dolores Angela Castelli Dransart zeigt in ihrem Beitrag, dass die Sinnsuche nach einem Suizid zwei Aspekte umfasst: Einerseits geht es um die Suche nach der «sinnvollen» Bedeutung des Suizids im Leben des Verstorbenen, die für ihn wie auch für die Zurückbleibenden nachvollziehbar, verständlich ist. Andererseits geht es um den Sinn des Suizids im Leben der Zurückbleibenden, das heisst um die Bedeutung, welche dieses Ereignis für deren Leben und deren Geschichte erlangt, sowie um die «sinnvolle» Geschichte, die daraus erarbeitet und Aussenstehenden erzählt wird.

Jacqueline Rutgers-Cardis beschreibt ihre eigene Geschichte der Sinnfindung nach dem Suizid ihres Sohnes und zeigt auf, wie diese Sinnfindung erst in Gang kommen konnte, als sie sich der endgültigen Realität des Suizids emotional gestellt hatte. Wird in der Trauerarbeit von Angehörigen dieser Schritt übersprungen, besteht die Gefahr, dass nicht wahrgenommene Gefühle der Wut, des Schmerzes und der Hoffnungslosigkeit den Prozess der «Rückeroberung» von Sinnhaftigkeit für das suizidale Geschehen und für den eigenen Lebensentwurf untergraben und blockieren.

Von diesem Prozess der langsamen «Rückeroberung» berichtet *Anne* in ihrem persönlichen Bericht. Sie zeigt auf, wie der Suizid ihres Bruders ihre Beziehungen zu ihrem Umfeld und besonders zu ihrer Familie und zugleich ihre jugendlichen Vorstellungen des Lebens nachhaltig prägte und veränderte. Es gelang ihr schliesslich, ihre schmerzhaften Gefühle anzunehmen und zu transformieren, indem sie sich auf einen kreativen Weg als Handwerkerin und Künstlerin einliess.

Christiane ihrerseits erzählt, wie sie sich nach dem Suizid ihrer beiden Eltern eingesetzt hat, um eine Zerstreuung der Geschwister zu vermeiden, und wie sie damit die verloren gegangene mütterliche Rolle in der Familie übernahm. Ein tiefes, religiöses Erlebnis ermöglichte es ihr nach Zeiten der Verzweiflung, eine neue, persönliche «Identität» zu entwickeln und damit die Stigmatisierungen durch ihr Umfeld zu relativieren.

2. Teil: Leben und Begleiten am Rand des Lebens

Jeder Suizid hat seine eigene Geschichte, die sich nicht einfach auf einen gemeinsamen Nenner bringen lässt. Er fordert zu kontextuellen, je verschiedenen Verstehensversuchen heraus und führt darum dazu, kulturell bedingte verallgemeinernde Deutungen des Suizids zu hinterfragen. Damit deckt der Suizid auch die Grenzen menschlicher Verstehensmöglichkeiten und Machbarkeiten radikal auf und stellt gesellschaftlich als selbstverständlich erachtete Sinn- und Beziehungskonstruktionen in Frage. Je mehr der Suizid heute aus dem gesellschaftlichen Tabu tritt und die menschliche Erfahrung von Sinnlosigkeit und Beziehungslosigkeit als Realität akzeptiert wird, desto offener kann dieser Diskurs entlang den Grenzerfahrungen des Lebens in Gang kommen: Der Suizid verweist dann auf die Grenzen und Abgründe, die dem Leben überhaupt eigen sind, und er öffnet die Augen für die Unmöglichkeit, das Leiden, den Schmerz und die Zerbrechlichkeit des Lebens je in den Griff zu bekommen. Die Begleitung von suizidwilligen Menschen ist deshalb eine harte und anspruchsvolle Aufgabe. Sie fordert die Bereitschaft, ohne Wenn und Aber anzunehmen, dass andere keinen Sinn in ihrem Leben empfinden und damit deren Suizidwunsch zu akzeptieren. Denn einen Menschen, der keinen Ausweg in seinem Leben mehr sieht, kann man zunächst nur bei dieser Ausweglosigkeit erreichen und nirgendwo sonst. Eine gelingende (therapeutische) Begleitung setzt darum voraus, dass sich ein lebensmüder Mensch gerade in dieser Ausweglosigkeit und in seinem damit verbundenen Wunsch, sein Leben zu beenden, aufgehoben fühlt. Diese Haltung lässt sich nicht anders entwickeln und glaubhaft leben, als indem man bei sich selbst diese Seite der Ohnmacht, der Leere annimmt und sich mit diesen Seiten der eigenen Persönlichkeit identifiziert.

Davon erzählen *Diana* und *Charlie* in ihren autobiografischen Skizzen, in denen sie in je eigener Perspektive eine gemeinsame Reise als Liebespaar beschreiben, auf der sie sich beide umbringen wollten. Sie berichten, wie ihre Beziehung zunächst auf dem Vertrauen aufbaute, dass der eine den Suizidwunsch des anderen nicht bekämpfen will. Sehr offen im Ton, verschweigen sie nicht, wie hart dieser Weg war und wie ein zweites Element dazukommen musste, damit ihr Weg sie zurück ins Leben führen konnte: das Vertrauen darauf, die eigenen Verletzungen überwinden zu können, auch weil jemand da ist, der bereit ist, in allem mitzugehen, und der sich nicht abwendet.

Dieses Vertrauen rückt auch *Konrad Michel* in den Vordergrund seiner Überlegungen. Er bestimmt als Grundlage einer hilfreichen, therapeutischen Beziehung die Bereitschaft und Fähigkeit, dem suizidalen Patienten offen zuzuhören, ihn als Menschen wahrzunehmen, der selber der «Experte» seiner eigenen Lebensgeschichte ist und für den der Suizid als ein «sinnvolles» Ziel seines Nachdenkens erscheint. Erst aufgrund dieses Akzeptierens kann eine Beziehung entstehen, in der es zuerst darum geht, überhaupt wieder ein Gefühl für eine tragfähige Beziehung zu entwickeln und dann an Stelle des Suizidwunsches wieder Ziele zu finden, welche die suizidwillige Person aus ihrem Gefängnis – der vermeintlichen Reduktion der Wahlmöglichkeiten auf einen Freiheitsgrad: so zu leben oder zu sterben – herausführt.

3. Teil: Familiäre Hintergründe

In einer therapeutischen Begleitung, ja in allen Bemühungen der Prävention und Nachsorge geht es zentral darum, dass die Betroffenen mit anderen Menschen in Kontakt treten, Beziehungen erleben und knüpfen können, welche ihnen ermöglichen, ihre Probleme einer Vertrauensperson darzulegen, die zuhört. Denn gerade die Erfahrung von verletzenden oder zerstörten Beziehungen steht oft am Beginn einer suizidalen Krise. Wenn die Angstsignale seit langem überwiegend abgewehrt worden sind, ist die betroffene Person bereits von vielen Lebensbezügen abgekoppelt und in ihrer Privathölle vereinsamt. Die Beziehung zu sich und zu anderen ist zerrüttet oder zerstört, und oft finden sich hinter der gegenwärtigen Unmöglichkeit, das Leben zu bejahen, Geschichten und Gründe, die weit in die Vergangenheit des Betroffenen, in seine Jugend und Kindheit, zurückführen.

Xavier Pommereau zeigt auf, dass ein Konflikt innerhalb der Familie oder eine Trauersituation (auch im übertragenen Sinn) die Stellung, die Identität und das Selbstwertgefühl eines jungen Menschen untergraben. Er ist dann nicht bloss unsicher, ob er leben und überleben, sondern auch, ob er als einzigartiges und einmaliges Individuum existieren kann. Und indem für ihn selbst seine Identität und sein Wert in Frage gestellt sind, wird auch seine Attraktivität und Sicherheit gefährdet, als Partner Beziehungen aufzubauen, in denen er sich verwirklichen kann. Und das bedeutet, Beziehungen zu begründen, in die er seine eigenen Bedürfnisse einbringen kann und zugleich die Stärke und Selbstsicherheit hat, auf die Bedürfnisse anderer einzugehen.

Der biografische Bericht von *Marianne* weist subtil auf, wie tiefgreifend ein menschliches Leben verletzt wird, wenn seine fundamentalen Bindungen fehlen oder zerstört werden.

Um die Verortung des suizidalen Verhaltens im familiären Kontext geht es auch bei den Überlegungen von *Marco Vannotti*. Zum einen wird hier nach familiären Störungen gefragt, die in dieser oder jener Weise das Aufkommen selbstzerstörerischen Verhaltens zu begünstigen vermögen; zum anderen untersucht er die Ressourcen, über welche die Familie verfügt, um diese Entwicklung zu verhindern und einen suizidwilligen Menschen vor einer endgültigen, nicht revidierbaren Handlung zu schützen.

4. Teil: Sinn und Beziehungen «konstruieren» in den Grenzgebieten des Lebens

Die Beiträge des vierten Teils gehen der Frage nach, wie an der Grenze des Lebens Sinnhaftigkeit erfahren und ermöglicht werden kann.

Lytta Basset beschreibt in ihrer Meditation über Hiob die Facetten der menschlichen Hoffnungslosigkeit, und sie prüft Wege und Prozesse, wie Hoffnung allenfalls entstehen könnte. Dabei fokussiert sich der Blick weniger auf Hoffnungsperspektiven, welche im hoffnungslosen Menschen selber liegen mögen, sondern sie geht Hoffnungsspuren nach, die dem Hoffnungslosen in der Begegnung mit einer anderen Person entgegen kommen können. Das Entstehen von Hoffnung bestimmt sie als soziales Ereignis: Der andere Mensch bringt sein hoffnungsloses Gegenüber wieder in Berührung mit dem Leben, indem er ihn für etwas und jemanden existieren lässt.

In eine etwas andere Richtung zielen die Überlegungen von *Brigitte Heitger*, die sich in ihren Überlegungen an der Logotherapie von Viktor

Frankl orientiert. Frankl trieb zeit seines Lebens die Frage um, wie man Sinn gerade in scheinbar ausweglosen Situationen erleben kann, und er entwickelte seine psychologischen Konzepte aus diesem persönlich erlebten Ringen heraus. Grundlegend ist bei ihm die Überzeugung, dass jeder Mensch in sich einen «Willen zum Sinn» mobilisieren kann, der ihm dazu verhilft, in jeder konkreten Situation einen konkreten Sinn zu finden bzw. zu realisieren. Dieser Sinn kann in einer aussichtslosen Situation auch darin bestehen, dass ein Mensch reifen und über sich selbst hinaus wachsen kann.

Stefan Vanistendael skizziert in seinem Aufsatz den heute vielfach diskutierten und rezipierten Ansatz der Resilienz. Er bestimmt Resilienz als Kapazität von Menschen, in extrem schwierigen Lebensumständen Sinn zu konstruieren und sich weiterzuentwickeln. Dieser, mit Frankl sehr verwandte Ansatz, der auch Elemente ressourcenorientierter und salutogenetischer[2] Konzepte integriert, zeichnet sich aus durch seine pragmatisch-empirische Vorgehensweise: Gefragt wird danach, wie es Menschen auf unterschiedlichsten Wegen konkret gelingt bzw. gelungen ist, eine schwierige Lebenssituation irgendwie zu meistern. Vanistendael geht von der Hypothese aus, dass Sinn erlebt bzw. erfahren werden kann, wenn ein Zusammenhang zwischen der eigenen, konkreten Situation und dem diese umgebenden, grösseren Lebenskontext hergestellt werden kann.

Thomas Hänel schliesslich untersucht in seinem Beitrag die Bedeutung der Rolle, welche religiöse Konzepte in der Suizidprävention spielen. Die grundlegende Funktion von Religion sieht er darin, den Menschen ein umfassendes Sinnkonzept zur Verfügung zu stellen. Ausgehend von einigen Untersuchungen, welche den Zusammenhang von Religiosität und Suizid zum Gegenstand haben, kommt er zum Schluss, dass ein gesunder, praktischer Glaubensvollzug einen gewissen Schutz vor Suizidhandlungen zu bieten scheint. Als absolut sicheren Schutz vor Suizid kann die Religiosität indessen nicht betrachtet werden, da sie z. B. durch das depressive Geschehen auch unterhöhlt und zerstört werden kann.

Epilog: Suizid und Freiheit

Den Schluss dieses Bandes bilden ein Aufsatz und ein überarbeiteter Briefwechsel, welche die Fragen nach der menschlichen Freiheit thematisieren. Soll und kann man den Suizid als Ausdruck menschlicher Freiheit

---

2 Beim Konzept der Salutogenese, welches vom Medizinsoziologen Aaron Antonovsky entwickelt wurde, wird der Frage nach den Bedingungen von Gesundheit und Faktoren, welche die Gesundheit schützen und erhalten, Vorrang vor der (traditionellen) Frage nach den Ursachen von Krankheiten und Risikofaktoren gegeben.

verstehen, ja, noch radikaler gefragt: Muss man die Möglichkeit, sich das Leben zu nehmen, nicht sogar als den Erweis oder die Bedingung dafür ansehen, dass der Mensch im Grunde – auch gerade im Gegenüber zu Gott – ein freies Wesen ist? In seinen Überlegungen und – auch theologischen – Anfragen geht *Hansjakob Schibler* diesen Fragen nach. Anders als Schibler definiert *Pascal Mösli* Freiheit in erster Linie als ein soziales, also immer auf ein Gegenüber bezogenes Geschehen; die menschliche Freiheit ist darum seiner Meinung nach auch kein Gut, über welches der Einzelne zum Beispiel durch einen Suizid verfügen könnte. Die ethische Frage, welche auch in den vorgängigen Beiträgen von Marco Vannotti und Lytta Basset verhandelt wird, nimmt *Pierre Bühler* in seinem Beitrag zum Ausgangspunkt seiner Überlegungen. Er beschreibt dabei zwei ethische Extrempositionen, jene der Glorifizierung und jene der Verurteilung des Suizids, denen er beiden vorhält, einen freien Willensentscheid des Individuums vorauszusetzen, der die faktische Vieldeutigkeit der inneren Stimmung des betroffenen Menschen und der Verhältnisse, in denen er sich bewegt, unterschlägt. Ein Suizid ist nach Bühler nicht Ausdruck des freien Willens, sondern einer als leidvoll und ausweglos empfundenen Lebenssituation. Von hier aus richten sich seine weiteren Überlegungen auf die gesellschaftlichen Rahmenbedingungen und Bilder von gelingendem Leben, in denen wir uns heute bewegen und die wir selber gestalten können und müssen.

1. Teil:

Sinnkonstruktion nach einem Suizid

Dolores Angela Castelli Dransart

Sinnrekonstruktion nach einem Suizid

Einleitung

Der Tod durch Suizid eines Menschen, der einem nahestand, ist im und für das Leben der Hinterbliebenen (auch Überlebende genannt) ein überaus einschneidendes Ereignis. Mit diesem Tod dringt brutal und häufig unerwartet das Undenkbare in ihr Leben ein, bringt den gewohnten Lauf der Dinge, das, was man vermeintlich im Griff hatte oder wenigstens kannte, radikal durcheinander. Der Suizid, eine sozial und zuweilen auch moralisch als verwerflich qualifizierte Todesart, zwingt den kollektiven Vorstellungen ein atypisches symbolisches Erbe auf[1] und stellt die persönlichen, familiären und sozialen Orientierungsmarken in Frage[2]. Mit seiner Geste stellt der Suizident die Selbstverständlichkeit einer Präsenz in der Welt, «seines In-der-Welt-Seins», in Frage.

Auf persönlicher Ebene durchleben die Hinterbliebenen mit dem Schock eines gewaltsamen Todes starke Schuldgefühle[3], äusserste Verzweiflung und Angst, höchste Wut und Scham[4]. Möglicherweise leiden die Nahestehenden unter posttraumatischen Belastungsstörungen (PTBS). Als Reaktion auf ein derartiges Ereignis kommt es auf der Verhaltensebene zum Rückzug auf sich selbst, zu Aggressivität und suizidalen Gesten; auf kognitiver Ebene beherrscht die Sinnsuche das Denken und monopolisiert einen Grossteil der psychischen Energien.[5] Manche Autoren[6] vertreten gar die Auffassung, die Sinnsuche sei das spezifische Merkmal der Trauer nach einem Suizid. Die Sinnsuche kann zu Schuldzu-

---

1 Montandon-Binet 1993.
2 Walcott 1992; Calhoun u.a. 1991.
3 Chance 1994; McIntosh u.a. 1992.
4 Séguin u.a. 1999.
5 Kouri 1990; Calhoun u.a. 1991; Walcott 1992.
6 Walcott 1992; McIntosh u.a. 1992.

15

weisungen oder zur Infragestellung der eigenen Lebensführung oder der eigenen Kompetenzen führen.[7] Nicht selten sind die dem Suizidenten nahestehenden Personen überzeugt, sie selbst[8] oder andere[9] hätten den Suizid verhindern können.

Hinsichtlich der sozialen Beziehungen weisen die Untersuchungen nach, dass die von einem Suizidfall Betroffenen sozial weniger positiv-empathisch wahrgenommen werden als die übrigen Trauernden.[10] Beeinträchtigt werden kann die Unterstützung der Hinterbliebenen auch dann, wenn in der Gesellschaft abwertende und bedrohliche Vorstellungen zum Thema Suizid dominieren.[11]

Was ermöglicht das Weiterleben oder die Rückgewinnung der eigenen Orientierungsmarken, wenn das Entsetzen[12] ins eigene Leben eindringt, wenn der Verstand ins Wanken gerät und der (Lebens-)Sinn abhanden kommt?

Diese Frage steht im Zentrum der qualitativen Untersuchung, die wir im Rahmen unserer Dissertation durchführten. Erforscht wurden die Wege der Identitätsrekonstruktion von Menschen, die eine ihnen nahestehende Person durch Suizid verloren hatten.[13]

Die Sinnsuche

Menschen sind Bedeutungsträger, «Sinnproduzenten». Stark beeinflusst wird das Verhalten der Menschen durch die Bedeutung, die sie ihren Glaubensüberzeugungen, ihren Erfahrungen und ihrer Lebenswelt beimessen.[14] Der Suizid konfrontiert die Hinterbliebenen mit einem Sinnde-

---

7 Séguin u.a. 1999.
8 Van Dongen 1990; ders. 1991a; ders. 1991b; McIntosh u.a., 1992.
9 Dunn u.a., The psychological and social experience, 1987.
10 Séguin u.a. 1994; Gratton 1999; Kouri 1990.
11 Rutgers-Cardis 1994.
12 Oft bezeichneten die *Befragten* den Suizid als entsetzliches Ereignis.
13 Castelli Dransart 2003. Es handelt sich um eine umfassende qualitative Studie. Befragt wurden 38 Personen in insgesamt 27 Suizidfällen (in 9 Fällen wurden mehrere Personen befragt). Bei den Suizidenten handelt es sich um 24 Männer und 3 Frauen im Alter von 19 bis 77 Jahren; 11 Verstorbene waren zwischen 21 und 30, 6 zwischen 31 und 40 Jahre alt. Mehr befragte Frauen als Männer (28 von 38) willigten ein, uns ihre Erfahrungen mitzuteilen; bei den Frauen handelt es sich mehrheitlich um Mütter (13) und Schwestern (8). 13 Suizide hatten sich im Zeitraum zwischen 3 Monaten und 3 Jahren vor dem Gespräch ereignet, 14 Suizide lagen zwischen 3 und 19 Jahre zurück.
14 Winchester Nadeau 1998.

16

fizit,[15] häufig gar mit Sinnverlust: Wie den vom anderen vollzogenen Akt verstehen oder bedeutsam machen? Was rechtfertigt ihn? Wie ist die Person an diesen Punkt gelangt? Welche Botschaft wollte sie mit diesem Akt vermitteln? An wen richtet sich diese Botschaft? Diese und weitere drängende Fragen stehen im Zentrum der Identitätsrekonstruktion nach einem Suizid. Ins Blickfeld rücken nicht bloss die verstorbene Person, sondern auch die Einstellung des Überlebenden sich selbst sowie dem Leben und dem Tod des anderen gegenüber. Der Tod stellt in der Tat die stärkste Bedrohung der institutionellen Ordnung dar und verlangt starke Legitimationssysteme.[16] Er gehört zu den Erfahrungen, die im Alltagsleben das grösste Chaos anrichten.[17] Handelt es sich dabei um einen Suizid, verdichtet sich diese Erfahrung oftmals zu einer existenziellen Krise.[18]

Die Rekonstruktion der Überlebenden verläuft schonungslos über die persönliche sowie soziale Konfrontation mit fünf wichtigen Fragestellungen: Auswirkung des Suizids, Frage nach Sinn, Frage nach Verantwortung, Reaktionsmodus und strategische Logiken.[19] Im Rahmen dieser Ausführungen wenden wir uns insbesondere der Frage der Sinnsuche zu.

Unter Sinnsuche wird jener Such- und Aufbauprozess verstanden, in dessen Verlauf die Person im Rahmen der Rekonstruktion versucht, dem Suizid Sinn zu verleihen. Diese Sinnsuche umfasst zwei Aspekte: Einer-

---

15 Van Dongen 1990; ders. 1991a; ders. 1991b. Für den Sinnbegriff halten wir uns an Winchester Nadeaus Forschung über die Prozesse, mit denen Familien dem Tod eines nahen Angehörigen Sinn geben (Winchester Nadeau 1998). Sinngebung *(meaning making)* wird definiert als jener soziale Prozess *(social act)*, in dessen Verlauf ein Akteur Anfragen und Stimuli in vorgegebenem Kontext und Rahmen interpretiert und sich die Situation in symbolischen Begriffen vergegenwärtigt (ders., 15). Diese Bedeutung ist umfassender als Frankls Definition der Sinnsuche *(search for meaning; in:* The will to meaning, 1981*)*; diese bezieht sich auf die Suche nach Lebenszielen und ist positiv konnotiert. Winchester Nadeaus Definition hingegen berücksichtigt konstruktive und weniger konstruktive Bedeutungen von Sinn. Thompson/ Janigian (1988: 260) definieren den Prozess der Sinngebung wie folgt: «[The search for meaning] is a process of changing the life scheme, or one's perception of the event so that feelings of order and purpose are restored.»
16 Berger u.a. 1984.
17 Winchester Nadeau 1998.
18 Séguin, Fréchette (1999) definieren diese Krise als eine unerwartet eintretende Situation, die das Individuum dermassen verunsichert, dass die Anpassungsschemata der Vergangenheit ihren Dienst versagen. Wir definieren die Krise als Umstand, unter dem das Individuum und dessen Leben symbolisch wie materiell stark in Frage gestellt, ja gefährdet sind.
19 Unter Auswirkung verstehen wir die gesamten Folgen des Suizids auf symbolischer wie materieller Ebene. Die Frage der Verantwortung betrifft die persönliche Verwicklung und die Geste des anderen. Am Reaktionsmodus lässt sich ablesen, wie das Individuum mit dem Suizid umgeht und die eigene Identität zu rekonstruieren versucht. Die strategischen Logiken wiederum beziehen sich darauf, welche Vorgehensweisen und Positionsbezüge zur Bewältigung von Beziehungen oder Umständen gewählt werden.

seits die Suche nach der Bedeutung des Suizids im Leben des anderen, das heisst die Interpretation des Suizids, die dem Leben sowohl des Suizidenten wie auch des Überlebenden Bedeutung verleihen kann; es geht darum, den zum Suizid führenden Prozess, dessen Kontext, die beeinflussenden Gründe und Faktoren sowie die Person des Suizidenten zu verstehen. Andererseits geht es um den Sinn des Suizids im Leben des Überlebenden, das heisst um die Bedeutung und die «Moral der Geschichte», welche dieses Ereignis für das eigene Leben und die eigene Geschichte erlangt, sowie um die Geschichte «in offizieller Version», die daraus erarbeitet und Drittpersonen präsentiert wird.

Die Sinnsuche soll den nahestehenden Hinterbliebenen dazu verhelfen, anhand von Dokumenten und Begegnungen mit Zeugen oder Experten jenen Kontext und Prozess zu rekonstruieren, der ihrer Auffassung nach am Ursprung des vollzogenen Akts steht. Das läuft darauf hinaus, die Umstände neu einzuordnen und deren mannigfaltige Elemente zu gewichten, und zwar nicht bloss im Hinblick auf den Kontext der verstorbenen Person zum Zeitpunkt des Suizids, sondern auch im Hinblick auf deren gesamtes Leben oder wenigstens auf die daraus bekannten Episoden. Es handelt sich also um eine echte Untersuchung, um die Suche nach Indizien, mit deren Hilfe es gelingen sollte, einzelne Ereignisse, vorab aber deren Verkettung zu rekonstruieren. In den ersten Monaten nach dem Tod konzentrieren sich die Hinterbliebenen auf das auslösende Moment, das als *die* Ursache festgemacht wird, sowie auf die letzten Tage vor dem Suizid; doch in dem Masse, wie sie sich mit dem Verlust auseinander setzen, weitet sich der Blickwinkel und es werden auch die Lebensumstände in einem weiteren Sinn sowie der suizidale Gesamtprozess und nicht bloss dessen Ausgang beleuchtet. Konkret geht es in einem ersten Schritt darum, das Mosaik der Gespräche und Gesten mit dem Verstorbenen aus dessen wie auch aus eigener Sicht zu rekonstruieren. Zu diesem Schritt gehören Erinnerung, Analyse, Suche nach Indizien und/oder Erklärungen bei mehreren dem Verstorbenen nahestehenden Personen oder bei Personen, die aus beruflichen Gründen mit ihm zu tun gehabt hatten (etwa Arbeitskolleginnen und -kollegen oder Fachpersonen aus dem medizinisch-psychiatrischen Bereich). Bereits in den ersten Stunden nach Eintreffen der Suizidnachricht suchen die Überlebenden aktiv nach schriftlichen oder symbolischen Botschaften und Zeugnissen. So etwa eine Mutter, die berichtet, sie habe während der Trauerfeierlichkeiten ausschliesslich den Freunden ihres verstorbenen Sohnes Aufmerksamkeit geschenkt in der Hoffnung, bei ihnen Anhaltspunkte für die Gründe der fatalen Geste zu finden.

Die Personen versuchen auch, das Phänomen Suizid überhaupt zu verstehen. Zu diesem Zweck suchen sie nach erhellenden Artikeln und Unterlagen über den Suizid und dessen Befürworter, sie kontaktieren entsprechende Fachpersonen und forschen nach Aussagen von Suizidenten. Dann tragen sie die im Laufe ihrer Nachforschungen gefundenen Indizien und Informationen zusammen und rekonstruieren so mehr schlecht als recht den suizidalen Prozess und dessen Umstände.

Neben diesem ersten Aspekt der Sinnsuche steht im Zentrum eines zweiten Aspekts die Rekonstruktion der Persönlichkeit des Verstorbenen durch die Vergegenwärtigung oder Kenntnisnahme gewisser Episoden aus seiner Kindheit und durch die Einschätzung seiner Charakterzüge. Möglich ist das in erster Linie für Eltern und Geschwister auf der Basis des gemeinsamen Lebens; schwieriger ist es für Lebenspartner und -partnerinnen, Kinder und Freunde, waren sie doch meist nur mit einem «Lebensabschnitt» der verstorbenen Person vertraut. Deshalb erweisen sich die Zeugensuche und die Vergegenwärtigung von Erinnerungen mit Hilfe von Drittpersonen als derart wichtig.

Indem die Ereignisse gesammelt und interpretiert werden, kommt die Sinnsuche an ihr Ende. Anhand der gesammelten Ereignisse gelingt es, die durch ihre Geste seltsam fremd gewordene Person wieder zu erkennen. Die erfassten bekannten Elemente stellen eine gewisse Kontinuität und Vertrautheit her und gestatten es mittelfristig, das «ganz Andere» des Suizids in den vertrauten Rahmen der mit der verstorbenen Person geteilten Erfahrungen zu integrieren. Das läuft darauf hinaus, Unbekanntes im Umkehr- und Zähmungsverfahren in Bekanntes zu integrieren. Umkehr, weil die Merkmale, die für die Geste des anderen (Ohnmacht, Aggressivität) bestimmend gewesen sein mochten, nichts anderes als die Kehrseite des Bekannten sind: Sensibilität verwandelt sich in übersteigerte Sensibilität und Verletzlichkeit angesichts des Leidens; Aggressivität ist nichts anderes als die verborgene Seite des der Gerechtigkeit zugeschriebenen Wertes. Zähmung wiederum vollzieht sich im doppelten Prozess der Distanzierung und Differenzierung. Zunehmend lockert der Überlebende nicht bloss seine Identifikation mit der Person des Verstorbenen, sondern auch mit dem Prozess, der zum traumatischen Ausgang führte. Distanzierung bedeutet, dass die Wege des Verstorbenen und die Wege des Überlebenden auseinander driften. Loslassen und persönliche Standortbestimmung werden dann möglich.

Voraussetzung für die eigene Identitätsrekonstruktion ist folglich, dass wir einen Sinn finden, das heisst eine Logik oder wenigstens eine wahrscheinliche Verknüpfung zwischen disparaten Situationen und den Persönlichkeitsmerkmalen des Suizidenten. Diese Rekonstruktion gestattet es, die Bruchstücke zusammenzufügen, um so einen vielleicht vorläufigen und partiellen Sinn zu entdecken, der für die Überlebenden genügend strukturierend ist. Nur selten kommt die Sinnsuche zum Abschluss, häufig erschöpft sie sich eher, als dass sie abgeschlossen wird. Oder, in den Worten einer Mutter: «Auch alle Gründe der Welt geben mir meinen Sohn nicht zurück.» Dennoch vermochte diese Frau ihrem Leben erneut genügend Bedeutung abzugewinnen, um in einer in ihren Augen befriedigenden Weise weiterleben zu können.

In unserer Studie konnten wir mehrere Modalitäten der Sinnrekonstruktion erfassen. Deren Spektrum reicht vom aufgeklärten Sinn bis zum fehlenden Sinn. Am Ende der Sinnsuche hatten sich manche Personen nicht bloss einen aufgeklärten Sinn, sondern in erster Linie einen für sie integrierbaren Sinn erarbeitet. Es ist ihnen gelungen, Antworten zu geben und diese in einem genügend kohärenten symbolischen Ganzen miteinander zu verknüpfen. Gelingen konnte dies dank einer Neuorientierung der Sinnfragen: Das Warum der Geste – die exklusiv auf die verstorbene Person ausgerichtete Frage – konnte in ein auf das eigene Leben bezogenes Warum verwandelt werden. Von der Frage «Warum hat sie/er Suizid begangen?» gelangten diese Personen zu den Fragen «Was bedeutet dieses Ereignis in meinem eigenen Leben? Was kann ich damit anfangen?». Ein Perspektivenwechsel hat stattgefunden; der Blick hat zwar die Geste des anderen zum Ausgangspunkt, fokussiert aber auf die eigene Person und die eigene Existenz. Der Sinn wird für sich selbst konstruktiv erarbeitet und öffnet sich auf eine mögliche Zukunft hin. Manche Personen kommen zum Schluss, nun, da sie «das Schlimmste überstanden hätten», könnten sie nicht bloss alles ertragen, sondern auch in höchstem Mass von der Gegenwart und allem, was das Leben bietet, profitieren. Der Suizid ist hier Anlass, zu sich selbst und zu seinem innersten Wesen zurückzufinden, die eigenen Lebensprioritäten zu überdenken und an Menschlichkeit zu wachsen, indem die erfahrenen Schwächen akzeptiert und als Motivation für ein gelingendes Leben verstanden werden. Andere Menschen verfolgen einen ähnlichen, aber weniger nach innen und stärker auf die kollektive Dimension ausgerichteten Weg. Sie machen den Suizid zum Ereignis, das ihnen die Neuorientierung ihres Lebens ermöglicht. Der Suizid wird zum Angelpunkt der Identität, was sich in einem bürgerlichen Engagement für Menschen in derselben Lage oder im Bereich der Suizidprävention ausdrücken kann. In diesem Fall ist das Leiden nicht bloss gezähmt, sondern zum Bedeutungsträger geworden. Die Abwesenheit des Verstorbenen wird zur Präsenz für andere; sein Tod und das dadurch ausgelöste Leid sollen nicht vergeblich bleiben.

Am anderen Ende des Spektrums der Sinnsuche hingegen stossen wir auf Personen, die in ihrer Identitätsbestimmung weitgehend von der Geschichte des Suizidenten und den angeblichen Gründen für seinen Akt abhängig bleiben. In dieser Logik ist Sinnfindung unabhängig von der Person des anderen nicht möglich. Bei ihr sucht man letztlich den Sinn des Geschehenen. Die Rekonstruktion des Ich verläuft zwingend über das Ausleuchten der Gründe und der Kontingenzen des anderen. Der Sinn wird vorrangig im Leben des anderen gesucht. Diese Personen befinden sich häufig in einer ausweglosen Situation, denn dieser Andere ist nicht mehr da, um über seine Geste Rechenschaft abzulegen. Hier ist eine autonome Sinngebung der Geste des andern nicht möglich. Weder die zusammengetragenen Gründe und Faktoren noch die Rekonstruktion des Prozesses «macht» für die Überlebenden Sinn. Der Suizid bleibt sinnlos, kann nur Leere und Leiden sein. Diese Personen fokussieren stärker auf die Vergangenheit und den Tod des Suizidenten, weniger auf die Gegenwart und ihr eigenes Leben, das sie sich nicht als vom Leben des Verstorbenen getrennt vorstellen können. Sie können den im Anschluss an den Suizid gemachten Erfahrungen und Einsichten keinerlei positive Wertung abgewinnen und leben selbst Jahre nach dem Suizidereignis noch immer in einem von Fragilität und Melancholie geprägten emotionalen Klima.

Schlussfolgerung

Aus unserer Studie geht hervor, dass der Suizid als ausserordentliches Ereignis wahrgenommen wird. Es reisst die Angehörigen aus der Normalität und katapultiert sie auf einen Weg, auf dem sich Tod und Leben kreuzen, aufeinander prallen und bekämpfen. In einer ersten Phase scheint der gewaltsame Tod auf seinem Weg alles hinwegzufegen: Normalität, Routine, Lebensprioritäten, Freundschaften, Feindschaften. Dieser Realität – von einigen wird sie als Wirbelsturm bezeichnet – halten die Überlebenden anfänglich stand. Doch weiterhin leben und nicht bloss überleben setzt die Rekonstruktion von Sinn und die erneute Kontinuität in einem durcheinander geratenen und erschütterten Lebensweg voraus. Davonkommen heisst, den Suizid des anderen nicht bloss im Leben des Suizidenten zu verorten, sondern diesem Ereignis im eigenen Leben einen anerkannten Ort zugestehen. Es geht darum, Akteur einer Geschichte zu werden, deren Auslöser und Ausgang wir nicht selbst wählten, deren Sinn wir uns aber anzueignen suchen. Der Weg der Rekonstruktion nach einem Suizid lässt sich als eine Reise bezeichnen, die den Menschen vom erlittenen Tod über einen symbolischen Tod und eine Lebenskrise zurück ins Leben führt. Ein Durchgang, der die Überlebenden unter ausserordentlichen Umständen dazu führt, unbekanntes Gelände zu beschreiten, auf ungewöhnlichen und gefährlichen Wegen zu gehen, um schliesslich auf einen Boden zu gelangen, der nicht mehr Treibsand ist, sondern das

Terrain, wo sie erneut Wurzeln fassen können – Boden, der je nach Art der Rekonstruktion[20] wüst oder fruchtbar ist. Die angenommenen Herausforderungen, die erfahrenen Niederlagen und die gelernten Lektionen sind Zuschüsse auf einem Weg, der – nach dem Bild der Helden der griechischen Mythen – auf die Probe stellt und alle prägt, die es wagen, dem Schicksal (oder dem, was sie dafür halten) die Stirne zu bieten, und sie in ihrer Überzeugung bestätigt, Akteure des eigenen Lebens zu sein.

Bibliografie

Berger, P. L. / Luckmann, Th.: Die gesellschaftliche Konstruktion der Wirklichkeit: Eine Theorie der Wissenssoziologie. Frankfurt a. Main: Fischer, 1984.

Calhoun, L. G. / Allen, B. G.: «Social reactions to the survivor of a suicide in the family: a review of the literature». In: Omega 23/2, 95–107, 1991.

Castelli Dransart, D. A.: Vivre après? Reconstructions identitaires de proches de personnes décédées par suicide (Diss. Universität Freiburg i. Ü.), 2003.

Chance, S.: Mein Sohn hat sich das Leben genommen: der Bericht einer Mutter. München: Knaur, 1994.

Dunn, R. G., Morrish-Vidners, D.: «The psychological and social experience of suicide survivors». In: Omega, 18/3, 175–215, 1987.

Frankl, V. E.: The will to meaning: Foundations and Applications of Logotherapy [1969]. New York: New American Library[7], 1981.

Gratton, F.: Secret, deuil et suicide: recension d'écrits. Rapport pour le Conseil québécois de la recherche sociale. Montréal (Typoskript), 1999.

Kouri, R.: Survivre au suicide d'un membre de sa famille: Une recension des écrits. Quebec: Centre de recherche sur les services communautaires (Typoskript), 1990.

McIntosh, J. L., Kelly, L. D.: «Survivor's Reactions: Suicide vs. other Causes». In: Crisis 13/2, 82–93, 1992.

Montandon-Binet, Ch., Montandon, A.: Savoir mourir. Paris: Harmattan (Textsammlung), 1993.

Rutgers-Cardis, J.: «Le deuil à la suite d'un suicide». In: Dejardin, D. u. a.: Le suicide. Lausanne: Presses Bibliques Universitaires, 1994.

Schütz, A.: Le Chercheur et le quotidien: phénoménologie des sciences sociales. Paris: Méridiens Klincksieck (Übersetzung Collected Papers), 1987.

Séguin, M. / Kiely, M. C. / Lesage, A.: «L'après suicide, une expérience unique de deuil?». In: Santé Mentale au Québec 19/2, 63–82, 1994.

——.: «Parental bereavement after suicide and accident: a comparative study». In: Suicide and Life-Threatening Behavior 25/4, 489–492, 1995.

---

20 In der Studie konnten vier Typen von Logiken der Identitätsrekonstruktion nach einem Suizid herausgearbeitet werden: Engagement, Transformation, Verletzlichkeit, Zwischenfall. Jeder dieser Typen ist das Resultat von unterschiedlichen Standortbestimmungen und spezifischen Verknüpfungen im Hinblick auf die Fragen nach der Auswirkung, dem Sinn, der Verantwortung, dem Reaktionsmodus und den Logiken der Ressourcenmobilisierung (Castelli 2003).

Séguin, M. / Fréchette, L.: Le deuil: une souffrance à comprendre pour mieux intervenir. Montréal: Editions Logiques, 1999.

Thompson, S. C. / Janigian, A. S.: «Life schemes: a framework for understanding the search for meaning». In: Journal of Social and Clinical Psychology 7, 260–280, 1988.

Van Dongen, C. J.: «Agonising questioning: experiences of survivors of suicide victims». In: Nursing Research 39, 224–229, 1990.

——.: «Survivors of a family member's suicide: implications for practice». In: The Nurse Practitioner: American Journal of Primary Health Care 16/7, 31–35, 39, 1991a.

——.: «Experiences of family members after a suicide». In: The Journal of Family Practice 33/4, 375–380, 1991b.

Walcott, A.: Social support of the grieving process for survivors of suicide. The University of Toledo (Dissertation), 1992.

Winchester Nadeau, J.: Families making sense of death. Thousand Oaks (CA): Sage, 1998.

Jacqueline Rutgers-Cardis

WIE ANNEHMEN, WAS UNANNEHMBAR IST?

In den vergangenen fünf Jahrzehnten ist das Interesse an Phänomenen, die mit dem Tod im Zusammenhang stehen, in westlichen Ländern zunehmend gestiegen. Zahlreiche Studien befassen sich mit dem Trauerprozess. Bis 1990 im Dunkeln belassen, ja ausgeblendet, war jedoch jener Trauerprozess, den Hinterbliebene nach einem Suizid durchleben – dieser Tod wird noch immer tabuisiert. Heute wird der Suizid von den Kirchen zwar nicht mehr verurteilt, dennoch begegnet ihm die Gesellschaft noch immer mit Missbilligung, fühlt sie sich doch in ihrer Verantwortung für menschliche Solidarität angesprochen. Der suizidale Akt spricht dem Leben in beängstigender Weise seinen Wert ab und stellt damit eine Bedrohung dar, die tief sitzende Ängste weckt und häufig vehemente Abwehrreaktionen auslöst. Mangelndes Wissen über die wirklichen Ursachen solcher suizidalen Handlungen bietet der Schuldzuweisung an die Angehörigen breiten Raum.

Schweigen oder teilen

Dem Schweigen des Verstorbenen über sein Leiden und seine Suizidabsichten entspricht das Schweigen des zuerst vom Schock und später von Elend und Schande erfüllten Umfelds. Der Schmerz verursacht eine Verzerrung der Kommunikation und stört so die Beziehungen innerhalb der Familie und zu ihrem sozialen Umfeld: Wenn sich der Austausch im Ungesagten verheddert und in Halbwahrheiten verstrickt, dann stellt sich ein tiefgreifendes Unbehagen ein und der normale Verlauf der Trauerarbeit wird verhindert. Die Zeit nach dem Suizid droht so zur traumatisierenden und höchst einsamen Erfahrung zu werden.

Wir selbst wollten uns nach dem Suizid unseres ältesten Sohnes am 30. Oktober 1982 nicht in diese schmerzliche Einsamkeit zurückziehen. Zwei Jahre später, nachdem wir das durch die Tragödie ausgelöste unermessliche Leiden durchlitten hatten, begannen wir Selbsthilfegruppen zu gründen. Mit anderen Familien von Überlebenden die heftigen Gefühle, das bohrende Fragen nach den Gründen, die Lebenskrise und den Kampf gegen soziale Ächtung teilen – dies ermöglichte es uns, aus der Ohnmacht herauszufinden, in die uns der Tod unseres Sohnes gestürzt hatte. Unser Wille, die negative Energie dieses Suizids in die positive Energie der Solidarität zu verwandeln, half uns, unserem Leben wieder Sinn zu geben. Andernorts habe ich die verschiedenen Aspekte dieser tragischen Erfahrung[1], das Abenteuer dieses existenziellen Erfahrungsaustauschs und andere mögliche Formen der Begleitung[2] beschrieben.

Eingehen möchte ich auf zwei spezifische Aufgaben der Trauerarbeit nach einem Suizid:

- Es geht in einem ersten Schritt darum, sich der Realität dieses Suizids, dieser nicht rückgängig zu machenden Geste zu stellen.
- Es geht dann darum, diese Geste zu verstehen und sie mit dem Leben und Handeln desjenigen oder derjenigen zu verknüpfen, den/die man geliebt hat: mit seinem/ihrem Charakter, mit seinen/ihren Lebensumständen; kurz, es gilt, eine sinnstiftende Geschichte der Fakten zu rekonstruieren.

Ereilt uns die Nachricht über einen Suizid, sind wir zunächst ratlos: Warum hat er/sie das getan? «Zwischen der erstorbenen Vergangenheit und der unmöglichen Zukunft schwebt die Gegenwart über dem Nichts. [...] Warum? Warum? So viele tränenüberströmte, angstvoll verzerrte Gesichter haben dieses Wort wie eine letzte flehentliche Bitte gerufen. Einfacher ist es, das Unglück anzunehmen, wenn man weiss warum: Den Grund kennen, das bedeutet bereits, das Unglück zu begrenzen. [...] Man weiss, an welcher Front man kämpfen soll. [...] Den Grund des eigenen Unglücks kennen, bedeutet bereits, dem Unglück zu entrinnen», schreibt Jacques Leclerc in seinem bemerkenswerten Buch *Debout sur le soleil*.[3]

Doch in die Suche nach Erklärungen mischt sich Verwirrung; mangels einer befriedigenden Antwort kommen Verleugnung und Verdrängung, Projektionen und Rationalisierungen ins Spiel, was weder das Bedürfnis nach Begreifen noch die heftigen Zornausbrüche, noch den Schmerz über den Verlust mildert.

Uns schien, das Drama unseres Sohnes habe wie ein Blitz aus heiterem Himmel eingeschlagen. Die von uns empfundene Inkohärenz und die Endgültigkeit seiner Tat löste in uns völlige Verwirrung und Bestürzung aus. Dazu kam, dass sich unser nicht vorhandenes Wissen über die Besonderheiten dieses Trauerprozesses schmerzlich bemerkbar machte.

Im Folgenden führe ich zwei Beispiele für das Bedürfnis nach Kohärenz aus, das uns wie die meisten «Überlebenden» mehr oder weniger bewusst bedrängte und herausforderte.

---

1 Vgl. Rutgers-Cardis 22002; dies.: Postface, in: Ryser, Mémorial, 2000.
2 Rutgers-Cardis 2003.
3 Leclerc 1980, 72.

Der Abschied

Der langwierige Prozess, auf den man sich um des Überlebens willen einlässt, setzt mit einem heftigen, zornigen «Warum?» ein, mit einem vitalen Protest, der das Gefühl der Verlassenheit zunächst überdeckt. Ich selbst musste das auf schmerzliche Weise erfahren. Während Eltern, die soeben ein Kind verloren haben, beim Leichnam ihres Kindes verbleiben, es nicht sofort dem Tod überlassen wollen, vermochte ich weder den Leichnam meines Sohnes zu betrachten noch an seinen Sarg zu treten. Dieser Abschiedsfrist beraubt, welche die innere Zerrissenheit etwas besänftigt hätte, verursachte ich wenige Monate später einen eigenartigen Unfall: Im Verlauf eines Bibliodramas zum Karfreitag bückte ich mich nicht, um unter dem Querbalken des Kreuzes durchzuschlüpfen, der mir den Weg versperrte, sondern ich umfasste den gewaltigen Balken – in einem sekundenschnellen Flashback hatte ich ihn für den langen, hinter einem Fenster kurz erblickten Sarg meines Sohnes gehalten – und wurde von seinem Gewicht kopfüber die Treppe hinunter katapultiert. Während ich auf der Notfallstation wartete, bis mir die Stirnwunde genäht wurde, vernahm ich die Stimme Pascals: «Aber Mama! Was beweist dir denn, dass ich dort drinnen war?» Beim Verlassen des Aufbahrungszimmers im Spital hatte ich diese Bemerkung in mir gehört. Damals wusste ich, dass kurz danach die Kremation stattfinden würde, gegen die ich mich nicht gewehrt hatte, obwohl ich Pascals Angst vor Feuersbrünsten kannte. Der Kreis hatte sich geschlossen. Die Gefühle von Verrat und die Empfindung von Inkohärenz dieses verstümmelten Abschieds hatten sich aufgelöst.

Verleugnung, vehementer Protest, Projektion, Sich-der-Wahrheit-Verschliessen, Verweigerung des Loslassens, Ansteckung – alles war da. War mein Unfall, dieser Spätzünder, nicht genau das, was ein Psychoanalytiker die Rückkehr des Verdrängten nennen würde?

Die Sinnrekonstruktion

Wie liess sich eine kohärente Verbindung finden zwischen dem Charakter und den Vorlieben Pascals und seiner tragischen Geste? Die Evidenz ihrer Absurdität überwältigte uns. Mit seinen 18 Jahren war er ein solider junger Mann voller Projekte; sportlich wie wissenschaftlich begabt, interessierte er sich leidenschaftlich für Aviatik und Chemie; er war gesellig und humorvoll, war selbstbeherrscht und vermittelte den Eindruck von Gleichgewicht und Harmonie. Sicher, auch er hatte seine schwierigen Momente, doch darüber sprach er kaum; dann zog er sich in sein Zimmer zurück und schien zu wissen, wie er damit umzugehen hatte. Niemand in seiner Umgebung, weder seine Familie noch seine Freunde, noch sein schulisches Umfeld hätten sich eine solche Handlung vorstellen können. Pascals Suizid liess alle sprachlos zurück. Wie war er zu begreifen?

Geholfen hat uns ein Schulaufsatz Pascals, den uns sein Französischlehrer einige Wochen nach den Trauerfeierlichkeiten übergab. Es war ein sehr schöner, sehr poetischer Text zum Thema «Wenn ich zu den Sternen hinaufblicke …». Er zeugt von seiner Offenheit für Raum und Zeit. Pascal schreibt, wie fasziniert die Menschen der Antike den Himmel betrachteten und welche Himmelsvorstellungen sie sich machten, um die Abläufe im Universum zu verstehen. Dann kommt er auf sein Wissen über die moderne Astrophysik, schliesslich auf sich selbst zu sprechen: «Trotz aller Wissenschaftstheorien werden die Sterne für mich eine Welt voller Rätsel bleiben. Wenn ich traurig bin oder unter Einsamkeit leide, ziehe ich mich in diese unendlichen Dimensionen zurück. Ich entferne mich von mir selbst, dem unbedeutenden Menschen unter Milliarden von Menschen auf Erden. Ich stelle mir die Erde als Individuum vor und ich werde mir bewusst, wie lächerlich sie sich mit ihren irdischen Problemen ausmacht. Ich wandere in Gedanken weiter, reise von einer Einheit zur nächstgrösseren: Sonnensystem, Galaxie usw. So vermag ich innere Blockaden zu lösen. Reisen wie diese helfen mir, mich so anzunehmen, wie ich bin, und ich sage mir, dass jeder seine Probleme hat.» Geschrieben hatte er den Aufsatz zwei Tage, bevor er sich das Leben nahm.

Immer wieder las ich den Text und allmählich tauchte dahinter eine Stelle aus dem *Kleinen Prinzen* von Antoine de Saint-Exupéry auf, eine Geschichte, die Pascal seit seiner Kindheit ganz besonders mochte: Nachdem der Kleine Prinz sich bei der Schlange vergewissert hat, dass sie gutes Gift hat, erklärt er dem fassungslosen Saint-Exupéry, sein Körper sei zu schwer, weshalb er ihn nicht auf seinen Planeten mitnehmen könne; später dann das Bild des aufrecht stehenden, vom Gift tödlich getroffen Kindes, das sachte in den Sand fällt. Auch Pascal hatte zwischen den Schienen aufrecht den Tod erwartet, bei strahlendem Mondaufgang. Mir kam auch in den Sinn, wie entzückt er vor den beeindruckenden Wandmalereien im Palast von Knossos gestanden hatte, die den jungen Fürsten auf dem Opfergang zeigen und die wir bei unserer Kretareise zwei Wochen vor Pascals Tod bewundert hatten.

Auf dasselbe Phänomen der Distanznahme zu sich selbst stiessen wir auch im Entwurf eines Briefes an einen Freund in Kolumbien.

Um Pascals Faszination für den Himmel wusste ich seit seinem vierten Lebensjahr: Damals hatte ich ihn eines Tages im Schnee liegend gefunden und er hatte mir erklärt: «Ich betrachte Gott!» Später baute er immer wieder Raketen, dann Modellflugzeuge aus Balsaholz, die er mit grösster Sorgfalt bespannte und mit der Fernbedienung steuerte – stundenlang, die

Nase in der Luft. Schliesslich hatte er sich einen Segelflugkurs finanziert und es fehlte ihm nur noch ein langer Flug, bevor er zur Pilotenprüfung hätte antreten können.

Seine geistige Neugierde hat mich seit jeher erstaunt. Einmal träumte ich Folgendes – ob vor oder nachdem ich seinen Französischaufsatz erhalten hatte, weiss ich nicht mehr: Wir standen in der Küche meiner Mutter und machten Weihnachtsgebäck; auch Pascal war da und knetete den Teig, obwohl ich wusste, dass er tot war; nach einer gewissen Zeit fragte ich ihn, weshalb er denn Suizid begangen habe, und er antwortete mir ganz selbstverständlich: «Aber Mama, ich wollte fernere Horizonte sehen!» So entdeckte ich in einem Traum den Sinn, den sein jähes Ende für ihn möglicherweise haben mochte.

Allmählich habe ich in meinem Leben das allzu kurze Leben unseres Sohnes wie das Aufleuchten einer Sternschnuppe angenommen, die auf ihrer Bahn einen meiner Träume mit sich fortgetragen hat.

Bibliografie

Leclerc, J.: Debout sur le soleil. Paris: Seuil, 1980.

Peter, H.-B./Mösli, P. (Hrsg.): Suizid ...?. Aus dem Schatten eines Tabus. Zürich: Theologischer Verlag und Bern: Schweizerischer Evangelischer Kirchenbund, 2003.

Rutgers-Cardis, J.: «Le deuil à la suite d'un suicide.» In: Dejardin, D. u. a.: Le suicide, Lausanne: Presses Bibliques Universitaires (Kapitel 4), [2]2002.

——.: «Nachsorge – drei Modalitäten der Verarbeitung eines Suizidtraumas in Gruppen». In: Peter, H.-B./Mösli, P. (Hrsg.): Suizid ...? Aus dem Schatten eines Tabus. Zürich: Theologischer Verlag und Bern: Schweizerischer Evangelischer Kirchenbund. 2003. 161–170.

Ryser, A.: Mémorial d'une mort volontaire: survivre au suicide de ma fille. St-Maurice: Éditions Saint-Augustin, 2000.

Anne

Die Bildhauerei – ein befreiender Weg

Ich bin in einer für Schönheit empfindsamen Umgebung aufgewachsen. Ich liebte die Natur. Schon als ganz junges Mädchen war die Gestaltung von Objekten mit Tonerde aus dem Bach mein Lieblingsspiel. Mein Grossvater war ein Freund der Künste. Er trocknete und brannte meine Werke im Kamin der Stube.

Seit meinem vierzehnten Lebensjahr verlebte ich bewegte Jugendjahre: Mit achtzehneinhalb Jahren nahm sich mein grosser Bruder Pascal das Leben. Er allein weiss, warum. Damit zerstörte er den glücklichen Verlauf unseres Familienlebens. Wir liebten ihn jedoch so sehr, dass wir ihm schliesslich verzeihen konnten.

Seine Tat verletzte mich tief: Sie nahm mir meine kindliche Seelenruhe wie auch mein Grundvertrauen, dass meine Mutter immer wieder zurückkommt, wenn sie mich für eine Weile verlässt. Wie kam es dazu? Meine spezielle Beziehung zu Pascal, so stelle ich mir das vor, ist folgendermassen entstanden: Pascal war 4 Jahre alt, als meine Mutter mich erwartete. Auch er stellte sich vor, er sei in Erwartung. Da er einen guten Appetit hatte und zu der Zeit rasch zunahm, glaubte er, dass er ebenfalls ein Kind auf die Welt bringen würde. Bei meiner Geburt musste er einsehen, dass dies nicht der Fall war. Somit adoptierte er mich auf eine Weise, die uns, wie ich glaube, näher brachte, als dies gemeinhin zwischen Brüdern und Schwestern üblich ist. Natürlich gab es manchmal Reibungen oder auch Streit zwischen uns, aber wichtig war, dass ich mich bei ihm in Sicherheit fühlte. Wenn er dabei war, fürchtete ich mich nicht mit älteren Kameraden. In seinem achtzehnten Jahr ist mein «Mutter-Bruder» nicht zurückgekommen.

Zwei Wochen vor seinem Suizid hatte ich ihm angekündigt, dass ich nunmehr reif, sogar erwachsen geworden war. «Mädchen werden schneller reif», hatte ich ihm erklärt.

Hatten diese Worten so tief die mütterliche Seite seines Herzen verletzt? Hatten sie in ihm so etwa geklungen wie: «Ich brauche dich nicht mehr»? Um diese Fragen herum habe ich schmerzhafte Schuldgefühle angehäuft. (Später habe ich in meinen Beziehungen mit Männern Mühe gehabt, Nein zu sagen, «ich mag dich nicht».) Mit 14 war ich nach aussen hin stark, mutig, «erwachsen» – aber im Grunde genommen war ich in meinem Innersten noch ein kleines Kind.

Der Tod meines Bruders machte mich zum Einzelkind. In meiner neuen Lebenssituation hatte ich nun keinen Anlass und auch keine Reserven mehr, meine Energie meinem jugendlichen Körper zu widmen. Ich brauchte mehr Energie, um psychische und geistige Kraft zu schöpfen. So hörte mein Körper auf zu wachsen und zu reifen, was mit meiner neuen familiären Rolle als «Tochter-und-Sohn» zusammenhing, wie ich es interpretierte. Ich ging davon aus, dass es jetzt noch mehr Mut brauchen würde, um mich vom elterlichen Nest zu lösen.

Mit 16 habe ich das Elternhaus in der deutschen Schweiz in Richtung Genf verlassen. Ich verwirklichte somit das vor dem Tod meines Bruders entstandene elterliche Vorhaben, in die Westschweiz zurückzukehren, und distanzierte mich damit gleichzeitig von meinen Eltern. Ich brauchte diese Entfernung, um mich der Belastung, die mir ihre Trauer aufbürdete, zu entziehen.

Mit 18 Jahren, im Alter, in dem mein Bruder sich das Leben genommen hatte, gibt man Idealen im Leben einen sehr hohen Stellenwert. Wer durstig ist, sucht unermüdlich nach der Quelle, um seinen Durst zu löschen. Pascal litt unter dem Mangel an Menschlichkeit unserer Gesellschaft und einiger Personen seiner Umgebung. Zur Verbesserung der zwischenmenschlichen Beziehungen hatte er sich ein Gedankenkommunikationssystem ausgedacht, welches eine Übertragungsmöglichkeit der Gefühle erlauben sollte, das die Genauigkeit und die Zweckmässigkeit eines direkten Dialogs überträfe.

Pascal, so stelle ich mir das vor, hat in der Einsamkeit sein Ideal aufgegeben. Hat er nicht die Flucht ergriffen, enttäuscht über seine eigene Ohnmacht? Ich selbst bin ihm sehr weit und tief in die Verzweiflung gefolgt.

Sein Tod hat mich in die Turbulenzen der Trauer geschleudert. Mein immer schon ausgeprägtes Bedürfnis mich auszudrücken wurde damit verzehnfacht. Ich liess alle meine Gefühle hochkommen. Aus diesem formlosen und wirren Gemisch von Auflehnung, Wut, Schuldgefühlen und Verzweiflung, zusammen mit einer Tränenflut, musste etwas Neues entstehen.

Da habe ich die Kraft der Liebe entdeckt. Trotz allem Leid, das mir mein Bruder mit seinem Tod angetan hat, liebe ich ihn immer noch. Ich habe dadurch erfahren, dass die Liebe trotz des Todes erhalten bleibt; der Tod wird in den Schatten verdrängt. In meinem Herz brennt ein Feuer, das mir all meine Ängste, sogar die Angst zu sterben, nimmt. Der Übergang von Angst zu Vertrauen bedeutet, alles wahrzunehmen, was man erlebt. Ein Gedanke der Liebe kann negative Gefühle umwandeln: Die natürliche Kreativität und Lebenskraft, die jeder von uns in sich trägt, wird mobilisiert, um das innere Gleichgewicht wiederherzustellen. In diesem Prozess wird kreative Energie freigesetzt, die von der Seele gebraucht wird.

Als ich selbst 18 Jahre alt wurde, wandte ich mich – getrieben von den inneren Stürmen und Veränderungen – vom vorgesehenen Kurs, einem Studium, ab und nahm mir vor, Bildhauerin zu werden.

Bildhauerei ist eine wunderschöne Kunst, jedoch sehr ungewiss vom Gesichtspunkt her, wie und ob sich davon leben lässt. Bildhauer sind ein eigenes Volk, oft pleite und von irgendeiner Unterstützung abhängig. Sie werden angefragt, wenn es darum geht, ein ehrenvolles Grab für einen geliebten Verstorbenen zu errichten. Bei der Bestellung eines Grabsteines für meinen Bruder wurde mir bewusst, dass Bildhauerei vor allem handwerkliches Können fordert. Seit Urzeiten kommt dieser Beruf im Bestattungs- und Bauwesen zum Tragen.

Ich machte also eine Lehre als Steinmetz bei einem Steinbildhauer. Ich wollte natürlich nicht nur auf dieser einfachen, beruflichen Stufe bleiben. Ich sah darin die Möglichkeit, Geld zu verdienen, und wollte mich dann als Bildhauerin weiterentwickeln. Ausserdem entdeckte ich in der Bearbeitung des Steines eine Form von Meditation. Steinhauen fordert eine hohe Konzentration; der regelmässige Rhythmus der Schläge bewirkt tiefere Atemzüge, was beruhigt und von den eigenen Sorgen befreit.

Die Liebe half mir, wieder Freude am kreativen Gestalten zu finden: gesegnete Momente, während derer ich meine Trauer, den Aufstand und Schmerz vergass und den Tod meines Bruders sogar als Geschenk empfinden konnte! Auf einmal, wie mit einem Flügelschlag, enthüllte mir die Liebe etwas Unendliches. Und ich spürte: Sich mitteilen, schöpfen, sprechen, setzt auch die Existenz eines gegenüberstehenden Wesens voraus, das zuhört.

Ich habe versucht, diese Momente festzuhalten, aber bei jedem «Abflug» dieser Art bin ich zurückgefallen, konfrontiert mit der harten, irdischen Realität.

So plagten mich während meiner Lehre wie auch später nicht selten Zweifel. Wer mich aber vom Ertrinken in tiefer Angst, Verzweiflung und vom Tod bewahrt hat, war wiederum mein Bruder, oder besser gesagt mein Mangel an ihm, verbunden mit einem noch stärkerem Bewusstsein des Wertes des Lebens. Niemals mehr hätte ich alles aufgeben können, mit all den Stärken, die ich in mir spürte, und mit so vielen bekannten und unbekannten Menschen, die mich liebten.

Ich habe gelernt, mit der Grausamkeit des Todes meines Bruders und mit meiner tiefen Trauer umzugehen. In meinem Beruf als Bildhauerin kann ich diesen Trauerprozess beeinflussen, indem ich meinen Gefühlen eine konkrete Form gebe – meine Aggressivität wandelt sich in konstruktive Kraft um, durch welche die neue Gestalt aus der sie umhüllenden Materie entsteht.

In der Trauer habe ich die Energie zur Verwirklichung und Durchsetzung meiner Ideen gefunden. Ich werde stets mit dem Suizid meines Bruders leben; er hat mir die Kraft gegeben, um mich aufrecht zu halten und die Dämonen in der Wüste zu bekämpfen. Ich gehe den Weg zu meinem eigenen Herzen und bin voller Hoffnung, weil ich weiss, dass vom Anfang an das Licht der Liebe im Herzen aller Dinge ist; und ich werde mich immer bemühen meine negative Gefühle in eine Dynamik der Liebe umzuwandeln.

Christiane

WEITERLEBEN NACH DEM DOPPELSUIZID DER ELTERN

Ich wurde in eine ganz normale Familie hineingeboren. Wir teilten die Freuden und Leiden des Lebens. Mein Vater war Arbeiter; meine Mutter war Hausfrau und kümmerte sich um die fünf Kinder. Das älteste war 17, das jüngste 9 Jahre alt, ich selbst war 13 …

Eines Morgens im Dezember 1972 fand ich Mama – sie war tot, hatte Suizid begangen. Dass Papa es ihr gleichgetan hatte, erfuhren wir durch einen Telefonanruf. Beide waren 42 Jahre alt.

Für uns Kinder brach die Welt im Entsetzen zusammen. Von einer Sekunde auf die andere wurden wir in eine Erwachsenenwelt katapultiert, die uns wie ein Dschungel erschien. Orientierungs- und schutzlos standen wir da, unserer Unterstützung und unserer elterlichen Zuwendung beraubt. Mit einem Schlag waren wir Kinder nun Waisenkinder.

Im Leben der Kinder spielen die Eltern eine ungeheuer wichtige Rolle. Jener Akt des Suizids, der für uns bedeutete, von Vater und Mutter zugleich verlassen zu werden, das war schrecklich, beschämend und unerhört. Mit dieser Tatsache mussten wir, allem zum Trotz, erwachsen werden.

Einige Nachbarn und Freunde meiner Eltern zeigten mit den Fingern auf uns, als wollten sie uns eine gewisse Verantwortung zuschieben. Wir fühlten uns schuldig. Noch am Tag der Beerdigung forderten einige von ihnen Geschenke zurück, die sie unseren Eltern gemacht hatten. Dann trat, wie gesetzlich vorgeschrieben, der Familienrat zu einer Sitzung zusammen. Was sollte mit den fünf Waisen geschehen?

Jedes Mitglied des Familienrates wollte eines der Kinder zu sich nehmen, je nach dem Vorteil, den es sich erhoffte. Die Trennung war bereits beschlossene Sache, als ich mich, obwohl erst 13-jährig, zu wehren begann und drohte, mit diesem Entscheid hätten sie schon bald unseren Suizid auf dem Gewissen. Das wirkte und eine Frau wurde als Vormund bestimmt. Wir hatten gewonnen, wir würden zusammen bleiben.

Mit der neuen Lage mussten wir erst fertig werden. Um innerlich überleben zu können, übernahm ich stellvertretend die Rolle der Mutter. Ich wollte erreichen, dass der Rest der Familie nicht auseinander gerissen wurde.

Schande und Ablehnung, Schuld- und Verlassenheitsgefühl, körperliche und seelische Einsamkeit und nicht zuletzt die moralinsauren Reden derjenigen, die angeblich alles wussten, aber gar nicht begreifen konnten – all dies war mir unerträglich. Ich musste die Lücke schliessen.

Das Entsetzen jener Augenblicke, die Albträume, die Erinnerungen an die brutale Trennung gehörten in den folgenden zehn Jahren zu meinem Alltag und strukturierten mein Denken und Fühlen.

Wie oft war ich versucht, meinen Eltern zu folgen in der Illusion, endlich mit ihnen vereint zu sein. Aber ich wollte und ich konnte meine jüngere Schwester nicht verlassen – dieses Recht hatte ich nicht und gestand es mir auch nicht zu.

Gott existiert. Diese unerschütterliche Gewissheit gewann ich 1982 auf einer Nepalreise. Ich erfuhr seine milde Gegenwart, war mir gewiss, dass er alles über die schmerzlichen Ereignisse wusste und dass er mich niemals verlassen würde. Über seinen Sohn Jesus Christus, der sein Leben hingegeben hat, hat er sich vorbehaltlos solidarisiert. Diese Offenbarung hat mich im Tiefsten berührt und in mir einen Lebenselan, eine Hoffnung geweckt. Erstmals konnte ich auf ständige Unterstützung, auf einen Führer und Berater zählen. Er hat es, das kann ich offen und ehrlich sagen, wundersam verstanden, die Abwesenheit meines Vaters und meiner Mutter wettzumachen. Auf dem Weg des Glaubens habe ich schliesslich meine Identität wieder aufbauen können.

Ich musste 39 Jahre alt werden, bis ich begriff: Es ist nicht Aufgabe der Kinder zu leben, um gewisse Entscheidungen ihrer Eltern wieder gutzumachen. Ich realisierte, dass jedes Mitglied einer Familie anders, einzigartig ist. Schicksal, Wiederholung, beides ist weder Zwang noch Fatalität. Nicht jener Zeit verhaftet zu bleiben, die für uns 1972 stillgestanden ist, ist für uns fünf ein täglicher Kampf. Trotz des Zusammenbruchs liegt in jeder, in jedem von uns ein enormes Potenzial. Es könnte diejenigen beschämen, die mit den Fingern auf uns zeigten. Wenn sie doch wenigstens Werthers Worte bedenken würden: «Die menschliche Natur [...] hat ihre Grenzen: sie kann Freude, Leid, Schmerzen bis auf einen gewissen Grad ertragen und geht zugrunde, sobald der überstiegen ist. Hier ist also nicht die Frage, ob einer schwach oder stark ist, sondern ob er das Mass seines Leidens ausdauern kann – es mag nun moralisch oder körperlich sein [...]».

Allen, die diese Zeilen in abgrundtiefer Verzweiflung lesen, möchte ich zu bedenken geben: Es zeugt von Edelmut und Stärke, dem Ruf nach Vereinigung mit unseren Lieben im Jenseits zu widerstehen. Der Glaube und die empathische Zuwendung einer kompetenten Vertrauensperson sind dabei eine nicht zu unterschätzende Hilfe.

2. Teil:

Leben und Begleiten am Rand des Lebens

Diana

ETAPPEN AUF DER SUCHE NACH DEM SINN MEINES LEBENS

In meinem Leben hat es immer wieder Momente ernsthafter Krisen und existenziellen Hinterfragens gegeben.

Gewollt und ungewollt zugleich, war ich gesellschaftlich isoliert. Vor allem dann, wenn alles schlecht lief, verspürte ich ein intensives Mitteilungsbedürfnis. Als die Kommunikation mit meinem Umfeld schwierig wurde, zog ich mich auf das Internet zurück.

Begegnungen geben unserer Lebensgeschichte einen anderen Verlauf, im Guten wie im Schlechten. Erfahren habe ich das, inmitten einer grandiosen Landschaft, während einer – so nicht geplanten – Suche nach dem Sinn des Lebens.

Der Kontext

Genese meines Lebensüberdrusses

In meinem Leben haben Krisenperioden und ruhigere Zeiten einander in relativ regelmässigem Rhythmus abgelöst.

Als ich 10 Jahre alt war, diagnostizierte der Hausarzt eine erste Depression. Ich litt am Leben, vermochte das aber nicht auszudrücken. Mit 13 Jahren lief ich von zu Hause weg und machte – unter dem Eindruck eines Suizidtodes im Dorf – einen ersten Suizidversuch. Die darauf folgende Hospitalisierung traumatisierte mich: Die Ärzteschaft reagierte völlig verständnislos und begegnete meiner Not mit starker, ja falscher medikamentöser Behandlung.

Mit 18 Jahren begann ich, mir regelmässig selbst Verletzungen zuzufügen, um meinen unerträglichen psychischen Schmerz zu lindern. Im Laufe der nächsten vier Jahre lösten Suizidversuche und Klinikaufenthalte einander ab. Dennoch bestand ich die Maturaprüfung und schloss eine höhere Kunstschule ab. Diese lange Serie endete abrupt: Eines Tages beschloss ich, trotz allem weiterzuleben, und vermied so jene Geste, die hätte fatal ausgehen können.

Im September 2002 reiste ich für eine Zusatzausbildung nach Valence. Einmal mehr scheiterte mein Bemühen, Kontakte zu knüpfen. Ich spürte, wie sich gegen meinen Willen ein mir wohl bekanntes Szenario wiederholte: Rückzug in die Einsamkeit, erneut regelmässige Selbstverstümmelungen als Ausdruck meiner Verzweiflung. Das Leben war einmal mehr die Hölle ...

Ich verströmte alles andere als gute Laune, was dazu führte, dass ich zusehends ins Abseits geriet. Ich nahm die Angst in den Augen meiner Mitmenschen wahr. Sie wussten nicht, was sie sagen sollten, und mieden mich. Ich aber wollte darüber reden und genau das wurde unmöglich ... Einmal mehr schnappte die Falle zu.

Kommunizieren – um jeden Preis und ohne Tabu

Durchhalten konnte ich nur dank dem Austausch im Internet. Ich wollte verstanden sein, mich mitteilen können, um mich weniger einsam zu fühlen. Ich wollte nicht gegen meinen Willen von Ärzten und Angehörigen «unterstützt» werden, welche die Dinge ebenso wenig zu verändern vermochten wie ich. Über einschlägige Websites kam ich virtuell in Kontakt mit Menschen mit nicht weniger schwierigen Lebensläufen und ähnlichen autoaggressiven Tendenzen.

Nach einigem Suchen stiess ich schliesslich auf die bekannte englischsprachige freie Newsgroup zum Thema Suizid. In der Diskussion wurde mir klar, dass wir alle gewisse Gemeinsamkeiten hatten: Völlige Verständnislosigkeit im eigenen Umfeld und dessen hartnäckiges Bemühen, uns um jeden Preis am Leben erhalten zu wollen, ohne zu fragen, ob das, was wir erlebten oder fühlten, erträglich sei oder nicht. Im September 2003 beschloss ich, ein eigenes Forum zu gründen, damit die zahlreichen frankophonen Diskussionsteilnehmenden sich einfacher austauschen konnten. Am Sonntagabend versammelten wir uns jeweils während mehrerer Stunden online. Es waren Momente des Austauschs mit schwarzem Humor, mit Tränen und Lachen.

Das Schweigen der Kollegen und Kolleginnen und die Banalität des Alltags konnte ich nur ertragen, weil ich wusste, dass am Ende der Woche endlich ernsthaft diskutiert würde.

Die Begegnung ... auf Gedeih und Verderb

Als gegen Jahresende die Feiertage näher rückten, verschlechterte sich mein Zustand. Meine Selbstverstümmelungen nahmen immer unterschiedlichere Formen an und mündeten in schwere Krisen. Eines Abends – ich hatte mehrere Stunden online verbracht, obwohl es mir eher schlecht ging – wollte einer meiner Chatpartner mich unbedingt besuchen. Wie zu erwarten war, hatte ich in seiner Gegenwart einen Anfall zwanghafter Selbstverstümmelung ... In diesem emotional hoch besetzten Klima reagierten wir instinktiv: Wir fielen einander in die Arme. Unter normalen Umständen hätten wir eine derartige Geste niemals gewagt. Wir sehnten uns beide nach menschlichem Kontakt und nach Zärtlichkeit.

Als sich in der Folge unsere Beziehung vertiefte, war ich erneut mit einem alten Problem konfrontiert: Seit Beginn meiner Adoleszenz fällt es mir schwer, meine sexuelle Identität zu akzeptieren. Nun war ich plötzlich eine begehrenswerte Frau, stand einem Mann gegenüber, der sich eingestandenermassen zu mir hingezogen fühlte. Ich hatte Angst vor dieser Situation und flüchtete mich in eine Überdosis Psychopharmaka.

Bei meiner Entlassung aus der Klinik fühlte ich mich bereit, mich dem zu stellen, was kommen musste – unvermeidlich. Auch dieses Szenario kannte ich auswendig, es hatte mich über Jahre gezwungen, jeder Liebesbeziehung aus dem Weg zu gehen. Schmerz war die einzige mir vertraute Beziehung zum Körper. Deshalb suchte ich instinktiv Lust, indem ich meinen Freund drängte, mich körperlich zu verletzen. Anfänglich weigerte er sich, doch ich liess ihm keine Wahl und zwang ihn, immer weiter zu gehen. Auf der Suche nach Intensität war mir jedes Mittel recht. Alles um mich herum zerbarst in Stücke, auch meine bisherige Identität. Diese explosive Gemengelage von negativer und widersprüchlicher Energie weckte das Schlimmste in mir. Ich kannte keine Grenzen mehr und verlor den Realitätssinn, bis eines Tages Halluzinationen eine verschärfte Krise auslösten.

Hätte ich das Leben einmal verlassen, so stellte ich mir vor, würde es keine Rückkehr ins Leben mehr geben. Doch diese Aussicht, dem Wahn zu verfallen, erschien mir plötzlich noch gefährlicher als der Tod.

Von Scheitern zu Scheitern ...

Ein kleiner Hoffnungsschimmer inmitten der Katastrophe liess mich überstürzt nach Genf reisen und dort eine Kurztherapie im Rahmen des CARE-Programms beginnen. Die Bilanz der Therapie, die erst heute ihre Früchte trägt, hinterliess damals bei mir den bitteren Nachgeschmack des

Scheiterns. Grund war ein Beziehungsproblem, das mich von vornherein in Konflikt zum Pflegepersonal brachte. Zudem lehnte mein Körper jede Form von medikamentöser Behandlung ab, was unser Verhältnis zusätzlich belastete.

In dieser schwierigen Periode vernachlässigte ich mein Studium. Trotz allem klammerte ich mich beinahe verzweifelt an dieses einzige stabile Element in meinem chaotischen Leben. Nach meiner Rückkehr aus der Therapie war die Toleranzgrenze der Schulleitung erreicht. Drei Tage später wurde ich zitiert und man riet mir dringend, die Ausbildung abzubrechen. Das letzte stabile Element war weg.

Nach diesem dreimaligen Scheitern erwog ich einmal mehr Suizid als den einzigen Ausweg aus dem Leiden. Meine intime Beziehung war eine Katastrophe, Genesung schien unmöglich und nun war darüber hinaus meine berufliche Zukunft gefährdet ... Ich war ohne jede Hoffnung und geriet in eine Gefühlskrise von unerträglicher Intensität. Ich konnte nicht mehr atmen; aus meinem Körper hatte sich alles Blut zurückgezogen, und ich sah diesen Körper von aussen, als sei ich ihm bereits entflohen; ich zitterte, litt, war leichenblass und einer Ohnmacht nahe. Der Gedanke, dass ich den eigenen Tod beschliessen konnte, half mir, aus diesem unerträglichen körperlichen Leiden herauszufinden. Ich fiel in einen anderen, mir bereits vertrauten Zustand: den Zustand, in den man gerät, wenn alle Ressourcen mobilisiert werden sollen, um zur Tat zu schreiten, der es einem gestattet, lächelnd an den Kollegen vorbeizugehen, wohl wissend, dass es das letzte Mal ist; die Gefühle sind betäubt, das Denken fokussiert auf die Tat und die Präzision der Geste, das Zeitgefühl ist ein anderes.

Die Suche

Nicht allein gehen

Mein Freund, früher selbst suizidgefährdet, war der einzig Mensch, der meine Gefühle zu verstehen und meinen Entscheid zu akzeptieren vermochte. Sein Respekt würde ihn davon abhalten, mich um jeden Preis retten zu wollen. Darum, aber auch, weil ich nicht völlig einsam sterben wollte, rief ich ihn an. Wir hatten diese Möglichkeit bereits erörtert und waren uns einig, dass ein Suizident wie jeder Sterbende das Recht besitze, nicht einsam zu sterben. Er bat mich, ihm Zeit zu lassen, zu mir zu kommen, und betonte, er würde mich begleiten, wohin auch immer. Bei seiner Ankunft hatte auch er kaum mehr Hoffnung bezüglich dem, was kommen würde.

Ich wollte die Rhone entlang fahren bis zu einer Brücke, wo ich meinen Sterbeplan ausführen konnte. Ich bestand darauf, dass wir in zwei Wagen hinfuhren. So konnte er, sollte er sich fürs Weiterleben entscheiden, nach meinem Tod fliehen und würde nicht eines Verbrechens bezichtigt werden. Mir war klar, dass der Weg bald zu Ende sein würde. Es war ein strahlend schöner Abend und ich war froh, in einer solchen Atmosphäre sterben zu dürfen.

Vor Ort angekommen, sah ich, dass die Brücken der Gegend stark befahren waren. Da ich kein Scheitern riskieren wollte, beschloss ich, auf der Suche nach einer etwas diskreteren Brücke Richtung Süden weiterzufahren. Dem Suizidimpuls hatte ich mich in dem Moment entziehen können, da ich meine Gefühlskrise überwunden hatte. Der Tod konnte noch ein Weilchen warten!

Es wurde Nacht und ich beschloss, in Montélimar zu übernachten. Für das, was ich am nächsten Morgen zu tun vorhatte, wollte ich in besserer Verfassung sein. Kaum war ich ins Bett geschlüpft, fragte mich mein vom Geschehen stark aufgewühlter Freund, wie es denn komme, dass ich in einem solchen Moment die Ruhe bewahren könne. Ich antwortete, angesichts des baldigen Todes sei mir alles egal.

Pilgerfahrt gegen Süden und telefonische Unterstützung

Am Morgen weckte mich laut prasselnder Regen. Ich war wütend und amüsiert zugleich. Das Wetter, der Zufall oder das Schicksal hatten also beschlossen, dass ich an diesem Tag nicht sterben sollte. Und wenn schon! Auf einen Tag mehr oder weniger kam es jetzt auch nicht mehr an. Ich ging auf den Vorschlag meines Freundes ein, weiter nach Süden zu fahren bis zu einer sehr hohen, wenig befahrenen Brücke, die er damals entdeckt hatte, als er selbst hatte Schluss machen wollen. Er bat mich, diese Frist als zusätzliche Bedenkzeit zu nutzen. Am Abend würden wir in Manosque logieren, eine Stunde vom vereinbarten Ort entfernt.

Wir kamen völlig durchnässt im Hotel an, eine Dusche sollte uns aufwärmen. Unter dem warmen Wasser brach mein Freund, dessen Gefühle wie die meinen betäubt waren, in Tränen aus. Ich bemerkte es und mich beschlich ein Zweifel. Wie kam es, dass ich ruhig und gefasst meinem Tod entgegensah, er aber dermassen betroffen war?

Diese Frage mussten wir beantworten. Auf einem Blatt Papier stellten wir die Problemlage mathematisch dar. Resultat: Ich hatte sechs Gründe zu sterben und vier zu leben, er hingegen zwei zu sterben und vier zu leben. Doch wenn ich starb, brachen seine Gründe zu leben weg. Noch dazu hatte er einen guten Grund mehr zu sterben! Ich realisierte, dass mit dieser Entscheidung mehr als nur meine Verantwortung für den eigenen Tod auf dem Spiel stand. Ich zog zwei Leben hinein, wir waren verbunden! Und ich fühlte mich schuldig, Anlass für seinen Tod zu sein.

Dieses verzwackte Problem konnten wir beide nicht allein lösen. Ich selbst hatte mein Schicksal des Langen und Breiten überdacht, und die Frage nach dem Ausgang stellte sich mir nicht mehr. Aber hatte mein Freund genügend Zeit gehabt, sämtliche Parameter zu bedenken? Falls es um unser beider Leben ging, sollte ihm dasselbe Recht eingeräumt werden, über sein Leben zu entscheiden.

Zur Klärung brauchten wir Hilfe. Doch wie konnten wir jemandem vertrauen im Wissen, dass die erste eingeweihte Person womöglich Alarm schlagen und uns so der Entscheidungsmöglichkeit berauben könnte?

Das wollten wir unbedingt vermeiden. Deshalb beschlossen wir, eine Reihe von Telefonanrufen in einer präzisen Reihenfolge durchzuführen, entsprechend der jeweiligen Entfernung vom einschlägigen Ort. Die erste Person sollte neutral sein wie ein Sorgentelefon. Wir entschieden uns für SOS Suicide. Etwas näher am Tatort sollte die anzurufende Person emotional involviert sein, aber schwören können, das Geheimnis zu wahren. Beide wählten wir je eine Person aus unserem Bekanntenkreis. Ihre Unterstützung erwies sich als wertvoll und lehrreich; die eine Person wohnte in der Gegend und war bereit, uns zu empfangen. Vor Ort und nur im Notfall würden wir eine uns nahestehende Person anrufen, um letztmögliche Zweifel auszuräumen.

Der Schlüssel zum Problem

Am nächsten Abend geschah etwas Unerwartetes. Ich hatte den Zimmerschlüssel in der Hand und wollte die Türe öffnen. Der Schlüssel war kreuzförmig und es gab vier Möglichkeiten, ihn ins Schlüsselloch zu stecken. Ich versuchte es ein erstes Mal: nichts; ein zweites Mal: wieder nichts. Als sich beim dritten Mal die Türe noch immer nicht öffnen liess, schmiss ich den Schlüssel wutentbrannt zu Boden und schrie: «Ich hasse diesen Schlüssel!»

Mein Freund hob ihn auf, sah sich ihn genau an und fand sofort den richtigen Dreh. Leicht amüsiert fragte er mich, wie jemand, der nicht einmal eine Türe öffnen könne, über so etwas Ernsthaftes wie Leben und Tod zu entscheiden vermöge ...

Mir wurde nicht sogleich bewusst, dass der vermeintlich banale Vorfall meine generelle Haltung dem Leben gegenüber in Szene gesetzt hatte. Das ging mir erst auf, als ich realisierte, dass ich soeben im selben Ton «Ich hasse diesen Schlüssel!» geschrien hatte wie schon so oft «Ich hasse das

Leben!». Die Analogie weitertreibend, wurde ich gewahr, dass ich in den letzten Jahren tatsächlich viel Energie darauf verschwendet hatte, Schlösser zu knacken, die dem Menschen, der ich bin, nicht entsprachen. Ich hatte mich in einen derartigen Zustand der Wut und Erschöpfung gesteigert, dass ich das Leben nur noch ablehnen konnte. Das erklärt den repetitiven Charakter meiner Krisen, aber auch, weshalb sie immer dann endeten, wenn ich nur noch die Wahl hatte zu sterben oder mich zu ändern. Bei jedem Neuanfang vergass ich den wichtigsten Schritt, nämlich mich zu fragen: «Was brauchst du wirklich?» In diesem Punkt aber finde ich die Antwort nur in mir selbst und nirgends sonst.

Die richtige Frage

Niemand lehrt uns, in uns selbst nach dem zu suchen, was uns wirklich antreibt. Die Gesellschaft drängt uns einen bestimmten Lebensstil auf und suggeriert uns die Wichtigkeit von völlig unwichtigen Dingen. Von klein auf zwingt man uns, in diese oder jene Richtung zu gehen, anstatt uns zu erlauben, die Zügel unseres Lebens in die eigenen Hände zu nehmen. Ich war wie hypnotisiert von allem, was man mir suggeriert hatte. Nun, da mir die Absurdität dieser Haltung deutlich wurde, musste ich mir das traurige Eingeständnis machen: Ich hatte mich derart weit von mir selbst entfernt, dass ich nicht einmal mehr wusste, was ich wirklich wollte. Erfahrungen, die für mich wichtig waren oder hätten sein können, hatte ich in Katastrophen verwandelt.

Beim Gedanken an meinen nahen Tod sah ich mein ganzes Leben in einem anderen Licht. Eines wusste ich: Ich konnte unmöglich zu meinem früheren Leben zurückkehren. Ich fühlte mich am Ende meiner Kräfte, was mir die Möglichkeit eines Neuanfangs zu versperren schien.

Den nächsten Tag verbrachten wir im Gespräch mit der von meinem Freund ausgewählten, emotional involvierten, einst selbst suizidalen Person. Unser Gesprächspartner erzählte uns seinen Weg, der dem unseren nicht unähnlich war. Er sprach von seiner Suche, zum Wesentlichen zurückzufinden. Um an diesen Punkt zu gelangen, hatte er sich die Zeit nehmen müssen, wirklich auf sich zu hören. Die richtige Frage lautet demnach nicht: Ist es besser zu leben oder zu sterben, sondern vielmehr: Wie können wir wieder leben lernen, indem wir uns all dessen entledigen, was uns in der Vergangenheit aufgezwungen worden war.

Auf die Frage nach der Energie gab er eine unerwartete, aber logische Antwort. Wenn wir aufhören, uns zu Dingen zu zwingen, die uns nicht entsprechen, und wenn wir im Einklang mit unseren wesentlichen Bedürfnissen leben, dann brauchen wir keine Reservekräfte, weil wir keine

Kräfte verbrauchen, sondern sogar Kräfte dazugewinnen. So endete dieser letzte Tag, den wir uns zum Überlegen zugestanden hatten, mit seinem Mass an Zweifeln ...

Den Schritt tun

Seit drei Tagen waren wir verschwunden und wenn wir uns nicht bald meldeten, würden unsere Angehörigen womöglich Alarm schlagen. Nun mussten wir rasch entscheiden, wie es weitergehen sollte.

Noch immer wollte ich mich unbedingt an den Ort begeben und dort die Entscheidung fällen. Meiner Erfahrung nach ist es eine Sache, abstrakt über Suizid zu diskutieren, etwas anderes aber, direkt mit dem Sterben konfrontiert zu sein. Ohne Emotionen und Gefühle sind Theorien wertlos. Ob wir uns für Tod oder Leben entscheiden sollten, unser Weg führte über jene Brücke. Sie konnte letzter Halt oder Beginn von etwas anderem, uns noch nicht gänzlich Fassbarem sein.

Unterwegs musste ich mehrmals anhalten, denn mein Körper versagte seinen Dienst. Nach einer langen Zeit emotionaler Betäubung fühlte ich als Erstes Angst vor dem Sterben, und ich fragte mich, wie sich das auf meine Entscheidung auswirken würde. Am Ort angekommen, fühlte ich mich ebenso betäubt wie am Tag der Abreise. Wir gingen bis zur Brückenmitte und schauten in die Tiefe. Mir wurde nicht einmal schwindlig. Ganz anders mein Freund: Ihm war bewusst geworden, was geschehen könnte, und jetzt quälte ihn die Angst.

Unsere Handys funktionierten nicht, wir waren also völlig auf uns selbst gestellt. Mathematisch gesehen hatte ich jetzt einen Grund mehr, mich für das Leben zu entscheiden. In meinem Innersten jedoch fühlte ich nichts als Erschöpfung ... und eine furchterregende Todessehnsucht. Warum?

Ich sagte mir: «Diese ganze Reise muss einen Sinn haben. Etwas muss jetzt sterben. Das Zurück in mein früheres Leben ist unmöglich. Seit Jahren schleppe ich meine Vergangenheit mit mir wie einen Klotz, der mich am Weiterkommen hindert. Wie diesen schweren Stein, den ich in den Händen halte und den ich weit von mir schleudern möchte ...»

Plötzlich wurden wir uns der Symbolik dieses Bildes vom Stein in meinen Händen bewusst und beschlossen, jeder von uns solle einen Stein in die Tiefe werfen. Uns war wichtig, dass diese Steine etwas repräsentierten, dessen wir uns entledigen wollten. Für mich stellte er jenes alte Leben dar, das ich in eine Hölle verwandelt hatte und nicht länger ertragen konnte. Nun wollte ich ausprobieren, ob ein anderes, von der Last der Vergangenheit befreites Leben möglich war.

Zurück ins Leben

Zorn, Hass und virtuelle Zerstörungen

Insgeheim hatte ich gehofft, diese Sinnsuche würde meiner Todessehn-sucht ein für allemal ein Ende setzen. Doch leider bedrängten mich in meinen schlaflosen Nächten erneut die Gründe, die mich vor meiner Ab-reise in den Suizidentscheid getrieben hatten, und schon bald wurde es unmöglich, sie auszublenden. Ich schwankte zwischen Suizidwunsch und Mordlust – innerlich von unerträglicher Wut zerfressen. Präzis und realis-tisch plante ich, wie ich an den Ort meiner Ausbildung zurückkehren und dort alles und mich selbst damit vernichten würde. Konnte ich mich dem Hass entziehen, feilte ich während Stunden an meiner neuen Suizidme-thode. Nach Tagen genügte das hergerichtete Material sämtlichen Kriteri-en. Falls mein Vernichtungsplan schief ginge, konnte ich noch immer ein-fach nur mich selbst töten. Das war ein beruhigender Gedanke, der mir Sicherheit gab.

Um das Leiden nicht mehr zu spüren, war ich wieder in meine eigene Vorstellungswelt eingetaucht. Um jeden Preis musste ich das schmerzli-che Erleben wenigstens teilweise wieder in den Griff bekommen; das ge-lang mir, indem ich meine Konflikte und Spannungen inszenierte: Im wirklichen Leben konnte ich meine Wut und meine Mordlust nicht ausle-ben. Und wenn schon! Videospiele kamen mir zu Hilfe. Ich richtete ein eigentliches virtuelles Blutbad an und zuweilen jagte ich mich so nebenbei selbst in die Luft. Mein totales Kontrollbedürfnis ging so weit, dass ich etliche Fähigkeiten zur Datenpiraterie entwickelte, wenn ein Feind mir zu lange Widerstand leistete. In dieser virtuellen Vorstellungswelt war ich so mächtig, wie ich im wirklichen Leben hilflos war ...

Die immer tiefere Kluft zwischen den beiden Welten wurde mir zwei-mal schlagartig bewusst: Wieder überfielen mich Krisen – so heftig wie zuvor. Im Verlauf der zweiten griff ich in einem Anfall von Verzweiflung und Gewalt meinen Freund körperlich derart heftig an, dass ich, von Ge-fühlen überwältigt, zu Boden fiel, einer Ohnmacht nahe. Nach diesen Krisen keimte wieder ein Klima des gegenseitigen Vertrauens und der Kom-munikation auf und wir konnten diese schwierigen Momente überwinden.

Aus der Krise herausfinden

Der Mietvertrag für die Wohnung meines Freundes lief aus. Unser Um-zug zwang mich, mich mit konkreten Dingen zu befassen und mich körperlich zu betätigen. In der neuen Wohnung schien mir die Vergangenheit etwas ferner gerückt. Es befanden sich nicht mehr in jeder Ecke schmerzliche Erinnerungen. Alles war neu, alles konnte aufgebaut werden. Dieser Wechsel verlieh mir Stabilität und ich konnte mich mit der Wirklichkeit aussöhnen.

Selbstverstümmelungen und Krisen wurden seltener. Damit mich die Aussenwelt nicht negativ beeinflussen konnte, hatte ich praktisch jeden Kontakt zu Bekannten, zur Familie und zu meinen früheren Freunden abgebrochen. Auf der Suche nach einem neuen Gleichgewicht war ich besonders verletzlich und mit dem Abbruch der Beziehungen konnte ich mich schützen. Ich verspürte das dringende Bedürfnis, einen mir eigenen Lebensraum aufzubauen.

Unbewusst «funktionierte» mein Umfeld auf dieselbe Art wie früher, auf jene Art, die mir in der Vergangenheit so schlecht bekommen war. Mit meinem noch ungenügenden Selbstschutz lief ich Gefahr, mich ebenso wie eh und je von den Meinungen in meinem Umfeld überwältigen zu lassen. Bei einer späteren Gelegenheit wurde mir klar, wie genau ich diese Mechanismen erkannte hatte: Einige in der Familie verbrachte Tage raubten mir während Wochen den Schlaf und lösten denselben Krisenmechanismus aus wie zuvor.

Ich brauchte sie nicht, um zu wissen, was ich wirklich brauchte. Obwohl sie es an meiner Stelle zu wissen glaubten und es mich während Jahren hatten glauben machen.

Sich Schritt für Schritt rekonstruieren

Das Leben mit meinem Freund sollte mein erster stabiler Stützpunkt werden. Unsere Beziehung war etwas Wesentliches, etwas, was es unter allen Umständen zu bewahren galt.

Damals war unsere Beziehung für mich wie eine unverhoffte Insel des Glücks in einem Meer der Verzweiflung. Dieses Glück würde nicht andauern, davon war ich überzeugt, deshalb musste ich es auskosten, bevor es zu spät war. Dieser Perspektivenwechsel gab mir etwas an Realitäts- und Verantwortungssinn zurück.

Heute weiss ich, dass ich den Fortbestand dieser Beziehung gerade deshalb gefährdete, weil ich sie mehr oder weniger bewusst als zeitlich begrenzt betrachtete. Richtig geniessen konnten wir unsere Beziehung erst, als ich einigermassen stabilisiert war. Anfänglich war mein Freund über das Ausmass meiner Krisen erschreckt und er handelte, um mich am Leben zu erhalten, bevor er dann in einen Zustand der Betäubung fiel. Er hatte bald gemerkt, dass die Situation noch schlimmer wurde, wenn er meinen Gewaltakten mit Gegengewalt begegnete. Indem er mit positiver Zuwendung antwortete, konnte er mich in meinen Körper zurückversetzen, was den Krisen ein Ende bereitete.

Mein eigenes Potenzial an Zärtlichkeit zu entdecken, war ein hartes Stück Arbeit. Meine Familie hatte mir ein Bild von Zärtlichkeit vermittelt, das mich diese nach meiner Kindheit konsequent ablehnen liess. Mit meinem Freund kehrten die Lust auf Zärtlichkeit und das Bedürfnis danach spontan zurück. Am meisten überraschte mich, dass ich mich nicht zwingen musste, zärtlich zu sein; ich musste nicht mehr kalkulieren, wie viel ich erhalten hatte und wie viel ich noch schuldete. Mein Kapital an Zärtlichkeit erschöpfte sich nicht und vermehrte sich wie von selbst: Je mehr ich gab, umso mehr konnte ich geben! Sie war da und füllte wie von selbst den für mich notwendigen affektiven Raum. Sollte ich weiterhin bohrende Fragen an mich richten mit dem Risiko, diese Glücksmomente zu zerstören?

Letztlich wurde die Zärtlichkeit zu jenem zentralen Pfeiler, der mir erneut eine befriedigende Sexualität ermöglichte. Hier war der Ausgleich am schwierigsten, erlebte und empfand ich sie doch als wundervoll und katastrophal zugleich. Daran mussten wir arbeiten und diese Arbeit brachte seit frühester Kindheit verdrängte Ereignisse an den Tag. Einige meiner Probleme waren ähnlich gelagert wie diejenigen meines Freundes, und erst als wir sie benannten, konnten wir sie angehen.

Auch ich weiss nicht, welches Schicksal mir bestimmt ist, obwohl ich mehrmals beinahe durch Suizidversuche gestorben wäre. Vielleicht werde ich morgen sterben, überfahren von einem Raser an der nächsten Strassenecke. Doch das soll mich nicht daran hindern, nach rechts und links zu schauen, bevor ich die Strasse überquere.

Einige Überlegungen

Nach Abschluss meines Berichts möchte ich einige durch die Niederschrift des Textes angeregte Überlegungen anfügen.

Das einsame Leiden suizidaler Menschen

Zwischen Suizidgefährdeten und deren Umfeld besteht eine tragische Kluft. Wer diese Art von Leiden nicht kennt, meint oft, es sei besser, jemanden, dem es schlecht geht, in Ruhe zu lassen, und insbesondere keine Fragen zu stellen, um nicht zudringlich zu wirken. Das ist ein grosser

Irrtum. Leidende wollen ihr Leiden kommunizieren, wissen aber nicht, wie sie es anstellen sollen. Oft versuchen sie es mit Anspielungen und riskieren auf diese Weise Missverständnisse. Sie befürchten, das Eingeständnis der eigenen Gefühle würde den eigenen Problemen zu viel Bedeutung verleihen, würde als Schwäche oder Selbstbezogenheit interpretiert.

Wagt eine suizidale Person endlich das Gespräch, spürt der Gesprächspartner, wie jäh eine enorme Verantwortung auf seine Schultern geladen wird. Wird offen von Suizid gesprochen, fühlt sich jeder Mensch mit der eigenen Sterblichkeit konfrontiert und eigene ungelöste Probleme oder Fragen können wieder aufbrechen. Die Folge davon können Verstörung, Rückzug oder unangemessene Reaktionen sein: Verleugnung, Banalisierung, ein den Dialog lähmendes Übermass an guten Absichten und Ratschlägen.

Allzu vorschnell wird deklariert, eine suizidale Person müsse unbedingt weiterleben. So als könnte man sich in sie einfühlen und als dürfte man sich das Recht anmassen, für sie zu entscheiden.

Das eigentliche Problem besteht darin, dass der Arzt, die Ärztin im Namen dieses Prinzips mit dem Patienten in Konflikt gerät. Der Suizident will Suizid begehen, der Arzt muss ihn am Leben erhalten. Dieser Konflikt kann zu äusserst gravierenden Situationen für Ärzteschaft wie Patient führen. Und dennoch, es gibt eine Verständigungsgrundlage: Eine suizidale Person will nicht in erster Linie Suizid begehen, sondern sie will, dass ihr Leben wieder lebenswert wird! Und wie wir alle wissen, liegen die Ressourcen dazu im Patienten selbst. Aber um zu dieser Einsicht zu gelangen, ist Hilfe nötig. Die einzige Aufgabe eines zurückhaltenden Therapeuten bestünde dann darin, den Patienten das eigene Genesungspotenzial wiederfinden zu lassen, eine möglicherweise lange während, aber zweifellos bereichernde Suche.

ASH – englischsprachige freie Newsgroup

Angesichts des Schweigens, der völligen Verständnislosigkeit, der sterilen Konflikte mit Angehörigen und Ärzten finden manche Leute – auch ich – im Internet Räume, wo sie endlich frei kommunizieren können und für das, was sie sind und was sie fühlen, respektiert werden. Privilegierter Treffpunkt suizidaler Surfer aus aller Welt ist die in den 1990er Jahren gegründete englischsprachige freie Newsgroup alt.suicide.holiday (ASH) geworden.

Selbstverständlich ist die ASH auch ein bevorzugter Ort tödlicher Allianzen. Die ASH wird in der Presse denn auch an den Pranger gestellt, wenn eine genügend blutige Tat das erlaubt. Als vermutlich bisher Einziger wollte der Filmemacher Walter Stokman in seinem wenig ausgestrahlten Dokumentarfilm «ASH World Wide Suicide» ASH wahrheitsgetreu präsentieren. Ein Zeuge spricht gar von einer «zweiten Familie», wenn er die in der Newsgroup erfahrene Anteilnahme und Unterstützung erwähnt. Und es wird deutlich, dass die ASH immer wieder Menschen aus der Hölle gerettet hat ...

«Reiss dich doch zusammen!»

Wie oft hören wir in unserem Umfeld: «Reiss dich doch zusammen!» – ein vermeintlich guter Ratschlag von Freunden, die sich nett um uns kümmern. Während Jahren liess ich mich von Leuten täuschen, die mich glauben machen wollten, wenn ich nur wollte, könnte ich Berge versetzen. Immer wieder riss ich mich zusammen, mobilisierte meine ganze Willenskraft, um trotz allem vorwärts zu kommen. An dieses vergebliche und sterile Tun vergeudete ich jede Lebensenergie – mit dem Resultat, dass ich gestresst, ausgelaugt und von Suizidwünschen umgetrieben war; alles, was ich gerne tat, hatte ich in eine Art Folter verwandelt, die ich mir Tag für Tag selbst zufügte ...

Muss man sich «zwingen» zu arbeiten und zu lernen, sich «zwingen» voranzukommen und zu leben? Den einstigen, ganz unterschiedlichen Zwängen nicht mehr ausgesetzt, realisiere ich heute, dass Lust und Freude spontan zurückkehren. Es gibt sie von allem Anfang an und dank ihnen können wir im eigenen Rhythmus vorankommen.

Versuchen Sie einmal, mit dem Willen allein einen Berggipfel zu erklimmen! Sie werden nicht weit kommen und die ständigen Anstrengungen werden Sie völlig zermürben. Besser ist es, sich genügend Zeit zu nehmen und im eigenen Rhythmus seinen Weg zu gehen. Nur regelmässiges Üben verbessert die Leistung. Mit dem blossen Willen lassen sich Berge weder erklimmen noch versetzen ...

Kommunikation und Zeichen der Zuwendung

Wann werden wir zugeben, dass fehlende Zuwendung, Schweigen und Einsamkeit töten können?

Aufgrund eigenen Erlebens behaupte ich, dass jeder Mensch ein gesundes Bedürfnis hat, Gegenstand der Aufmerksamkeit seiner Mitmenschen zu sein. Mit Egoismus hat das gar nichts zu tun. Experimentell ist nachgewiesen worden, dass Kinder ohne Zuwendung verkümmern und sich erst nach langjähriger Therapie erholen können. Gravierender noch, ein

Mensch, der in seiner Vergangenheit nur negativ kodierte Aufmerksamkeit erfahren hat, wird diese Art von Zeichen als einzig mögliche Aufmerksamkeit auf sich ziehen wollen, und zwar auch dann, wenn er darunter leidet und so sein Leben gefährdet.

Um wie viel mehr braucht ein suizidaler Mensch positive Aufmerksamkeit. Versuchen Sie als Nahestehende Ihre Zuneigung auszudrücken, bevor Sie sich über mögliche Lösungen den Kopf zerbrechen. Versuchen Sie dann einen offenen Dialog zu beginnen, voller Respekt für die Person und ihren Todeswunsch.

Suizidenten leiden im Verborgenen. Und es gibt ihrer viele. Es gibt sie unter den Menschen, denen wir täglich auf der Strasse, am Arbeitsplatz oder an einem sonstigen Ort unseres alltäglichen Lebens begegnen. Schlimmer noch, es sind manchmal diejenigen, die wir vermeintlich kennen: unsere Kinder, unsere Familie, unsere Freunde ... Lebensüberdruss begegnen wir nach wie vor mit Schweigen, völliger Verständnislosigkeit oder falsch eingestellter Medikation. Es liegt in unserer Macht, dies zu ändern, indem wir lernen zu kommunizieren und unsere Gefühle auszudrücken ...

Charlie

Beziehungsambivalenz unter suizidgefährdeten Personen

Kennen die Menschen einander wirklich? Kennen Sie diejenigen, die Sie zu kennen glauben? Kennen Sie sie wirklich?

Ich habe das nie geglaubt. Schon seit langem hatte ich den Eindruck, niemand, nicht einmal meine nächsten Angehörigen, kennten mich wirklich. Und dieser Eindruck hat sich später bestätigt. Am deutlichsten zu der Zeit, da ich suizidgefährdet war. Hätte ich zu jemandem gesagt: «Weisst du, ich denke ernsthaft daran, mich umzubringen», dann hätte mir praktisch niemand geglaubt, und diejenigen, die mir geglaubt hätten, hätten nicht verstanden warum. Was also nützt es unter diesen Umständen, sich überhaupt mitzuteilen? Was ist schlimmer: sich unverstanden und einsam fühlen oder unverstanden und einsam sein?

Wir meinen, zwischenmenschliche Beziehungen seien tragfähig, aber das stimmt nicht immer. Wenn wir jemanden gut kennen, wenn wir ihm oder ihr ganz nahestehen, dann, so meinen wir, können wir ihm oder ihr alles sagen, unser Innerstes preisgeben, und er oder sie wird uns verstehen.

Doch es gibt Themen, über die Verständigung nicht möglich ist. Suizid ist, aus mehreren Gründen, eines dieser Themen. Darüber können wir weder mit unseren Angehörigen noch mit unseren Freunden sprechen. Aber mit jemandem müssen wir darüber sprechen, und sei es mit einem Unbekannten! Und genau das tun wir, wenn wir können. Dabei werden überraschende Begegnungen möglich. Daraus ergeben sich andere, vielfach von Ambivalenz geprägte Formen zwischenmenschlicher Beziehungen.

Genau so ist es mir ergangen. Über zwei, drei Jahre hinweg hatte sich der Gedanke an Suizid in meinem Kopf allmählich festgesetzt. Während dieser Zeit sprach ich mit keiner Menschenseele darüber (und schon gar nicht mit einem Arzt!). Doch dann wurde der Gedanke derart obsessiv, dass ich mit jemandem darüber sprechen musste. Ich brachte meine diesbezüglichen Gedanken zu Papier und begann auf diese Weise einen Dialog mit mir selbst.

Nach einer gewissen Zeit genügte mir das nicht mehr und ich wollte wissen, wie andere darüber dachten. Im Internet stiess ich auf eine bekannte Newsgroup. Einige Monate lang verfolgte ich Tag für Tag den Austausch in dieser Gruppe, allerdings praktisch ohne eigene Postings.

Ich kommunizierte nichts, begnügte mich damit, zu lesen und den anderen zuzuhören. Wer sich dort meldete, beschrieb das eigene Leiden, das eigene Unglück, aber auch die eigene Sicht der Welt. Viele hatten unter Misshandlungen, sexuellem Missbrauch, schweren Krankheiten usw. gelitten. Im Vergleich dazu waren meine Probleme geradezu lächerlich. Mit der Zeit trieb mich der Gedanke an Suizid immer weniger um. Dennoch bewahrte ich ein gewisses – geradezu obsessives – Interesse am Thema und ich besuchte im Internet weiterhin bestimmte Diskussionsforen. Ab und zu überfiel mich plötzlich der unwiderstehliche Drang, die Mitteilungen der anderen zu lesen, mich mit dieser Gemeinschaft vernetzt zu fühlen. Dann wieder verspürte ich ganz im Gegenteil das Bedürfnis, auf Distanz zu gehen.

In dieser Gemütslage stiess ich im September 2003 auf das von Diana gegründete Forum. Diesmal lagen die Dinge anders, denn dank der geografischen Nähe bot sich uns die Gelegenheit, uns «richtig» zu treffen. Und das taten wir auch.

Eine intime und enge Beziehung ist manchmal genau das, was «fehlt», damit es einem besser geht. Viele in der Newsgroup sprachen über ihre soziale Isolation. Als ich Diana kennen lernte, war ich eine Art Phantom, das nicht mehr sterben, aber auch nicht leben wollte. Kurz zuvor hatte ich in einer mir fremden Stadt eine Stelle angetreten und fühlte mich einsam. Ich litt unter Sozialphobie und brachte es nicht fertig, mit anderen Leuten in Kontakt zu treten. Ich sagte mir, nach einigen einsam verbrachten Jahren würde ich nicht mehr weiterleben wollen.

Deshalb liess ich mich ohne langes Zögern auf eine enge Beziehung mit Diana ein. Wir begannen, uns regelmässig online auszutauschen. Von allem Anfang an fühlte ich mich ihr sehr nahe. Wir besassen viele Gemeinsamkeiten. Schon vor unserem ersten «realen» Treffen bedeutete sie mir viel. Die erste Begegnung verstärkte meine Gefühle. Ihr ging es schlecht und ich war entsetzt. Ich tat einen Blick in eine Welt des Leidens, dunkel und hoffnungslos – eine Welt, deren Existenz ich mir nicht einmal vorzustellen gewagt hatte.

Die Beziehung war gefährlich. Alle, die Diana kannten (auch meine Eltern), gaben mir zu verstehen, dass sie mich lieber mit einer anderen Frau sähen, an meiner Stelle diese Beziehung abbrechen würden.

Konnte sie nicht jederzeit Suizid begehen? Und wenn schon! Ich hatte die Wahl, weiterhin allein zu bleiben und in weniger als fünf Jahren vor Langeweile zu sterben oder mit Diana zu sein und zu riskieren, einen Menschen, den ich schon bald liebte, zu verlieren. Was also war der Unterschied zwischen den beiden Möglichkeiten, ausser dass die zweite mit stärkeren Emotionen (Glück und Unglück) verbunden war? Ich setzte mich grossem Leiden aus und dem Risiko, erneut in eine suizidale Phase zu geraten. Dass ich meinen Entschluss im vollen Bewusstsein der damit verbundenen Risiken fällte, sollte sich in der Folge als wichtig erweisen.

Wer mit einer suizidalen Person eine Beziehung eingeht und selbst einmal suizidgefährdet war, der wird von zwei Fragen umgetrieben:
- Wenn sie Schluss machen will, werde ich versuchen, sie daran zu hindern?
- Wenn sie Suizid begeht, werde ich es ihr gleichtun?
Die erste Frage stellte ich mir, weil ich selbst einmal Suizidgedanken gehegt hatte und weil es gerade deshalb für mich nicht mehr haltbar war, einen Menschen um jeden Preis vor sich selbst retten zu wollen. Statt einfach fraglos jeden Suizid als eine unter allen Umständen zu vermeidende Handlung zu betrachten, begann ich darüber nachzudenken, was einen Menschen dazu bringen könnte, Suizid zu begehen. Ich begann, mir unangenehme Fragen über die in dieser Lage angemessene Haltung zu stellen.

Die suizidgefährdete Person und die ihr Nahestehenden befinden sich in einer Konfliktsituation. Von aussen betrachtet, könnte man meinen, sie seien Verbündete, sie würden sich gegenseitig helfen, einander vertrauen … In Wahrheit sind sie erbitterte Feinde. Warum? Der Suizident will, per definitionem, sterben. Die anderen wollen, dass er nicht stirbt, denn die Vorstellung, einen vertrauten Menschen zu verlieren, ist schlicht unerträglich. Die beiden Parteien wollen diametral entgegengesetzte Dinge und jede wird, häufig unter Missachtung der Freiheit und der Gefühle des Gegners, alles tun, um die eigenen Ziele zu erreichen. Weshalb also sollte es überraschen, dass manche Suizidenten über ihre Absichten nichts verlauten lassen? Wer weiht schon den Gegner freiwillig in die eigenen Pläne ein?

Und dennoch … dieser aufreibende Konflikt ist keine Fatalität. Bei näherer Betrachtung verschleiert er, dass die beiden Parteien sich über ein falsches Problem streiten. Sterben oder weiterleben, das ist nicht die entscheidende Frage, wenn man der Auffassung ist,
1. der Suizident habe echte Gründe, Schluss zu machen;
2. lebenswert sei das Leben unter der Voraussetzung, dass es wenigstens erträglich sei.
Die richtige Frage lautet dann: Wie kann sich die «Lebensqualität» der suizidgefährdeten Person verbessern? Darüber zu streiten gibt es für den Suizidenten und sein Umfeld keinen Grund.

Die zweite Frage, die sich mir stellte, hat mit der Ambivalenz intimer Beziehungen zwischen aktuell und ehemals suizidalen Personen zu tun.

Solange die Beziehung intakt ist, «läuft alles gut» oder wenigstens nicht allzu schlecht. Doch geht die Beziehung unglücklicherweise zu Ende, namentlich weil einer der beiden Partner stirbt, ist plötzlich alles viel schlimmer, als wenn überhaupt keine Beziehung bestanden hätte. Ich befinde mich hier im Widerspruch zu Alfred Lord Tennyson, der schreibt: «It is better to have loved and lost than not to have loved at all.» Man wird von dieser Beziehung «abhängig» – im Willen zu leben oder zu sterben. Die zwischenmenschliche Beziehung zwischen Suizidgefährdeten (oder ehemals Suizidgefährdeten) gehorcht anderen Gesetzen als die übrigen sozialen Beziehungen. Angesichts des Todeswunsches hat die Beziehung etwas Einzigartiges: Der Tod ist stärker präsent und vielleicht stärker akzeptiert.

Mit diesen beiden Fragen wurde ich also konfrontiert, als Diana aus Gründen, die überhaupt nichts mit unserer Beziehung zu tun hatten, kurz davor stand, Schluss zu machen. Während der gesamten Reise hoffte ich einerseits, sie würde es schaffen, andererseits fragte ich mich, was ich tun würde, wenn sie es nicht schaffen sollte. Mir blieben genau vier Tage, um Antworten auf die während Monaten in der Schwebe gebliebenen Fragen zu finden.

Ich war in eine Situation hineingeraten, die wie ein Echo auf von mir bereits Durchlebtes war. Äussere Umstände hatten mich selbst im Februar 2003 immer stärker in Richtung «Notausgang» gedrängt und mich schliesslich vor eine Art Ultimatum gestellt. Ich sah mich genötigt, mich in wenigen Tagen zu entscheiden. Stellen Sie sich vor, wie es ist, eines schönen Montagmorgens aufzuwachen und sich zu sagen: «Vielleicht ist das meine letzte Woche; falls ich am nächsten Montag noch lebe, werde ich weiterleben ... wenigstens vorläufig.» Die Hoffnung gilt im Übrigen nicht zwangsläufig dem Überleben.

Das Datum rückte näher, und schliesslich zwang ich mich, die Entscheidung rasch herbeizuführen. Als an jenem Abend alle zum Schlafen nach Hause aufbrachen, blieb ich draussen und setzte mich ans Flussufer. Ich sagte mir: Bis morgen früh musst du dich entschieden haben. Es ging gewissermassen um eine Konfrontation mit dem Tod, aber lediglich auf psychischer Ebene, denn ich befand mich nicht am Tatort. Mich fröstelte. Um mich zu wärmen, erhob ich mich und begann zu gehen. Ich wollte nicht eindösen, lief die ganze Nacht den Fluss entlang und fragte mich, ob die kommenden Tage wohl die letzten sein würden oder nicht. Plötzlich erblickte ich ein Restaurant und ich versprach mir, dort etwas zu essen. Es sollte entweder die letzte Mahlzeit des zum Tode Verurteilten (in den USA will es die Tradition, dass der Verurteilte am Vorabend seiner Hinrichtung essen darf, was er will) oder die erste Mahlzeit nach einem Neuanfang, in einem neuen Leben sein. Auch wenn ich nicht sterben sollte – das war mir klar –, würde *etwas* in mir sterben und was danach kam, würde zwangsläufig anders sein. Nach der Ungewissheit (das Leben? der Tod?) hatte ich zwei Gewissheiten: Erstens würde etwas aufhören und zweitens würde ich morgen hier sein, in diesem Restaurant. Ich kann nicht sagen warum, aber diese Symbolik der letzten und ersten Mahlzeit war für mich damals wichtig; sie erhellte gewissermassen mein Denken im Augenblick der Entscheidung. Schliesslich lud ich einen Freund zu diesem Essen ein und erklärte ihm, dass es mein letztes hätte sein können. Er zeigte sich überrascht, aber verständnisvoll.

Was will ich damit sagen? Dass für mich die am Flussufer verbrachte Nacht, in der ich mich im Gehen fragte, ob ich leben oder sterben sollte, bis heute eine prägende Erinnerung geblieben ist. Schon seit Monaten hatte ich damals täglich, ja fast stündlich an Suizid gedacht. Doch was sich in jenen Tagen und im Besonderen in jener Nach ereignete, war ganz speziell. Man kann noch so oft an Suizid denken, doch in dem Moment, in dem man sagt, alles könnte in den nächsten Tagen, ja in den nächsten Stunden zu Ende gehen, verändert sich unversehens alles, alles wird plötzlich unvergleichlich realer. Alles wird mit einem Schlag erschreckender – und in gewisser Weise auch erregender. Alles, was man in den letzten Monaten immer wieder durchgegangen ist, wird jetzt, bald, sofort eine Art Lösung finden. Der Blick auf den suizidalen Akt verändert sich, man wird inne, dass man nicht bereit ist, dass man das eigentlich gar nicht will oder dass man es ganz im Gegenteil nicht mehr erwarten kann, Schluss zu machen.

Die Erinnerung an diese zermürbenden Stunden am Flussufer empfinde ich inzwischen als eine Art Gespräch oder gar Begegnung mit dem Tod.

Eine erneute Begegnung, so dachte ich, lag in weiter Ferne. Doch ich wusste, was ich riskierte, als ich mich auf eine intime und enge Beziehung zu einer suizidgefährdeten Person einliess. Als dann Diana beschloss, Schluss zu machen, war ich an ihrer Seite, hörte ihr zu, folgte ihr. Sie befand sich praktisch auf dem gleichen Weg wie ich: Äussere Umstände drängten sie, die Entscheidung innerhalb von wenigen Tagen zu fällen. Wenn ich sah, wie sie mit sich rang, um zu wissen, was sie tun sollte, wie Hoffnung in ihr aufkeimte und sogleich wieder zusammenbrach – dann fühlte ich mich in jene Nacht am Fluss zurückversetzt, die ich, so meine Hoffnung, nie mehr oder doch erst wieder in einer fernen Zeit durchleben würde. Einmal mehr war alles eine Frage von Tagen, ja Stunden. Und der Ausgang war mir unbekannt. Ich fiel von einem Extrem ins andere: bald «Das ist das Ende, besser sich damit abfinden», bald «Aber nein, es ist nur eine vorübergehende Krise». Dieses Mal aber war die Angst noch stärker, denn ich war nicht Herr der Lage, nicht ich entschied über den Fortgang, und ich musste warten und den Dingen den Lauf lassen. Selbstverständlich konnte ich versuchen, den Entscheid zu beeinflussen. Aber wenn jemand von Jugend auf suizidal ist und nie aus dieser Befindlichkeit herausgefunden hat, kann niemand, zwanzig Jahre nach Ausbruch des Problems, einfach als rettende Gestalt daherkommen. Angesichts der Probleme der anderen ist Bescheidenheit angesagt und wir dürfen nicht meinen, unsere Präsenz allein könne den Ausschlag geben.

Wie vor über einem Jahr überfiel mich die Realität des Geschehens («In einigen Stunden ist vielleicht alles zu Ende.») schlagartig und unvorbereitet. Ich benötigte eine gewisse Zeit, um mir emotional bewusst zu werden, dass das, was geschah, real war und unser beider Leben betraf. Wie damals brauchte ich ein Symbol, um etwas Gewissheit in dieses Meer von Ungewissheiten zu bringen. Die Brücke wurde zu diesem Symbol. Hier musste jedermann durch – zwangsläufig. Wie immer die Reise ausgehen würde, schon bald würde ich auf dieser Brücke stehen. Falls ich sie überquerte, würde ich weiterleben – wenigstens vorläufig –, andernfalls sollte mein Leben hier enden.

Anders als man denken könnte, symbolisiert der Stein, den ich von der Brücke in die Tiefe fallen liess, nicht das Leben als «Phantom», das einst mein Weiterleben bedroht hatte. Jenen Stein hatte ich schon vor langer Zeit geschleudert mit dem Risiko, dass er mich voll treffen würde – damals, als ich mich auf die Beziehung mit Diana eingelassen hatte. Eine Beziehung von derartiger Intensität kann nicht einfach halbwegs gelebt werden.

Der Stein bedeutete: «Nie mehr!» Nie mehr diese Todesnähe erleben müssen, jene Ungewissheit, die ich nicht im Griff hatte. Innerhalb von zwei Jahren hatte ich sie zweimal durchlebt und es war mehr, als ich ertragen konnte. Nun brauchte ich Ruhe und Stabilität, um zu mir selbst zurückzufinden.

Seither habe ich darüber nachgedacht, was aus meinem Leben würde, falls Diana sterben sollte. Nur schon, dass ich darüber nachdenke, bringt mich zum Todesgedanken auf Distanz. Natürlich wäre ich betroffen, sollte sie nochmals ein derart existenzielles Hinterfragen durchmachen, doch vielleicht würde ich mich weniger bereitwillig in ein ähnliches Abenteuer hineinziehen lassen.

Konrad Michel

VON THERAPEUTISCHEN BEZIEHUNGEN UND VERANKERUNGEN...

Nach einem Suizidversuch ist das Risiko für einen späteren Suizid 40-mal erhöht.[1] Mehr noch: Das Risiko bleibt über Jahre unverändert hoch.[2] Erstaunlicherweise konnte bis jetzt keine Methode der Nachbehandlung gefunden werden, welche das erhöhte Suizidrisiko nach einem Suizidversuch längerfristig reduzieren kann. Dies ist mehr als enttäuschend, und die Frage drängt sich auf, woran dies liegen könnte. Ian Fawcett, Depressions- und Suizidforscher, sagte vor zwei Jahren in einem Referat anlässlich des Kongresses der American Association of Suicidology (AAS): «Alle sagen, wir müssen die Leute in die Behandlung bringen – Tatsache ist aber, dass wir in der Behandlung der Suizidalität nicht sehr gut sind.»

Es ist schon lange bekannt, dass es zwischen dem suizidalen Patienten und dem Arzt/Therapeuten ein Kommunikationsproblem gibt. Isometsä et al.[3] fanden, dass bei 571 Fällen von vollendetem Suizid in der letzten Konsultation vor dem Suizid das Thema nur in 22 % der Fälle zur Sprache gekommen war. Genauer: Bei Psychiatern in 39 %, bei Hausärzten in 11 %, bei Spezialärzten in 6 % der Konsultationen. Das mag auf den ersten Blick erstaunen, ist aber doch verständlich, wenn man bedenkt, dass suizidale Menschen eben ganz vieles von dem, was in ihnen vorgeht, für sich behalten. Für viele sind Suizidgedanken etwas ganz Geheimes, Privates im Sinne von «Ich will mir das nicht nehmen lassen». Es ist ein Notausgang, dessen Vorhandensein etwas Beruhigendes hat, sollte die gefürchtete Krise eintreten – ein Notausgang, der mit unseren schwachen Seiten und unserer Verletzlichkeit zu tun hat, mit einem Teil unseres Selbst, das mit dem Gefühl der Scham besetzt ist.

Ein weiterer Aspekt der Problematik der Behandlung suizidaler Menschen ist die Tatsache, dass nach einem Suizidversuch zu 50 % oder öfter die Termine für eine Nachbehandlung nicht eingehalten werden. Menschen, die einen Suizidversuch unternommen haben, fühlen sich nicht krank. In einer Befragung in Bern sagten gerade mal 10 % der Patienten ein Jahr nach einem Suizidversuch, ein Arzt hätte ihnen in der suizidalen Krise vielleicht helfen können.[4]

---

1 Harris et al. 1997.
2 Runeson 2002.
3 The last appointment before suicide, 1995.
4 Michel et al. 1994.

Ein Teil der Problematik besteht anscheinend darin, dass suizidale Patienten und medizinische Fachpersonen unterschiedliche Vorstellungen über Suizidalität haben.

«Was mich im Spital am meisten geärgert hat, war immer wieder diese Frage, ob ich es nochmals tun würde. Sie waren überhaupt nicht an mir und meinen Gefühlen interessiert. Das Leben ist nicht eine derart sachliche Angelegenheit, und wenn ich ehrlich war, konnte ich nicht sagen, dass ich es nicht nochmals versuchen würde. Was mir klar wurde, war, dass ich keinem dieser Ärzte genügend vertraute, um offen über mich zu sprechen.»

Dies sagte ein 39-jähriger Patient über die stationäre psychiatrische Behandlung.

Wie können Ärzte und andere Fachpersonen lernen, mit dem suizidalen Menschen in eine hilfreiche therapeutische Beziehung zu treten? Hilft es vielleicht, wenn wir uns vom traditionellen Krankheitsmodell, welches immer noch die Suizidprävention prägt, lösen? Nicht ganz, allerdings: Es besteht kein Zweifel, dass die kompetente Behandlung von Depressionen die Suizidhäufigkeit senkt. Aus der klinischen Erfahrung wissen wir, dass nach einer Besserung der Depression allgemein die Suizidabsichten in den Hintergrund treten, bis sie – scheinbar – ganz verschwinden. Eine der wohl wichtigsten Studien, welche den Zusammenhang zwischen Depressionsbehandlung und Suizidhäufigkeit aufzeigt, ist die sog. Gotland-Studie. Wolfgang Rutz und seine Mitarbeiter[5] boten auf der schwedischen Insel Gotland den Hausärzten während zwei Wintersemestern Fortbildungsseminare zum Erkennen und Behandeln von depressiven Störungen an. In der Folge stellte man auf Gotland einen signifikanten Rückgang der Suizide fest. Zu erwähnen ist allerdings, dass die Rate nach einigen Jahren wieder anstieg. Ärzte verlernen offenbar relativ rasch. Aber: Mit mehr Verschreibungen für Antidepressiva ist es nicht getan. Die Gotland Seminare legten viel Gewicht auf die Gestaltung der Arzt-Patienten Beziehung – vielleicht ein Grund dafür, dass die Resultate bis jetzt nicht repliziert werden konnten.

Vielleicht fühlen sich suizidale Menschen besser verstanden, wenn man sie nicht als krank betrachtet. Denn: Suizid ist eine Handlung, nicht eine Krankheit. Zum Verständnis von Handlungen und der dazugehörigen Beweggründe kann die Handlungstheorie helfen. Sie sagt: Unser Leben

---

5 Rutz et al. 1992.

wird durch Ziele bestimmt, seien es kurzfristige, die unseren Tag struktu-rieren, oder langfristige, die für unseren Lebensplan wichtig sind. Die langfristigen Ziele sind die eigentlichen Identitätsziele, das was unser «Selbst» ausmacht, das, was uns – in unseren Augen – als Individuum aus-zeichnet. Ein 39-jähriger Patient schrieb ein Jahr vor seinem Suizid fol-gende Zeilen:

> «Nichts hilft. Ich habe in meinem Leben alles versucht. Wirklich, ich freue mich abzutreten. Mein Leben ist eine Abfolge von Versagen in jeder Hinsicht. Ich zerstörte die Beziehungen mit den meisten Ver-wandten und bin daran, dasselbe mit meiner Frau zu tun. Alles falsch, immer, immer, immer. Meine besten Wünsche an alle, auch an mich. Ich weiss nicht, wohin die Reise gehen wird, aber wenigstens bleibt sie nicht in diesem Tal der Tränen stehen.»[6]

Seine Selbstbeurteilung war: Ich bin ein Versager (wie sein Vater pro-phezeit hatte), ich tauge zu nichts und bin nichts wert, mein Leben ist hoffnungslos. Suizid war für ihn eine Lösung, eine Möglichkeit, einem unerträglichen Zustand ein Ende zu setzen. Als *Ziel* formuliert er diese Lösung ein Jahr vor seinem gewaltsamen Tod.

Neben lebensorientierten Zielen, die uns durch unser Leben begleiten, tauchen – im Zusammenhang mit Leben- und Sinnkrisen – Gedanken an Suizid als Alternative zum Leben auf. Maris hat in seinem immer noch bemerkenswerten Buch «Pathways to Suicide» (1981) von einer «suicidal career» gesprochen (wobei im Englischen career viel breiter gefasst ist als unsere «Karriere»). Eine Patientin sagte mir nach zahlreichen suizidalen Krisen in ihrem Leben: «Mit dem Suizid ist es wie mit einer Strickarbeit: in den guten Zeiten lege ich sie auf die Seite, in den Krisen nehme ich sie hervor und fahre dort weiter, wo ich das letzte Mal aufgehört hatte.»
Es gilt also, alle unsere Handlungen, und damit auch Suizid, vor dem Hintergrund wichtiger lebensorientierter Ziele zu sehen. Suizidalität ent-steht, wenn wichtige Lebensziele bedroht sind, wenn das Selbstverständ-nis, ja das Identitätsgefühl eines Einzelnen, in akuter Gefahr ist. Sind die-se zutiefst menschlichen Bedürfnisse existentiell bedroht, kann daraus eine suizidale Krise entstehen.
Hinter einer Suizidhandlung steht also eine Geschichte, und generell erklären wir unsere Handlungen mit Geschichten – im therapeutischen Kontext als Narrativ bezeichnet. Das Narrativ ist eine Geschichte, der im Gespräch mit einem andern Menschen Bedeutung gegeben wird. Das Tei-

---

6 Michel et al. 1997.

len der eigenen Geschichte kann therapeutisch sein. Geschichten über Suizidalität können dabei im Leben oder mit dem Tod enden.

Im Rahmen einer Studie beschlossen wir, dieses Modell anhand von 40 Interviews mit Patienten, die kürzlich einen Suizidversuch unternommen hatten, anzuwenden.[7] Wir fanden, dass (1) die therapeutische Beziehung von den Patienten selbst in denjenigen Fällen signifikant besser beurteilt wurde («Ich spüre, dass der Interviewer mich versteht», «Ich glaube, dass das Gespräch mir hilft», «Ich spüre, dass der Gesprächspartner und ich zusammen an etwas Gemeinsamem arbeiten»), bei denen der Interviewer die wichtigen Themen (d. h. wichtigen Lebensziele) im Narrativ des Patienten ansprach, und (2) die therapeutische Beziehung in denjenigen Interviews signifikant besser beurteilt wurde, welche mit einer narrativen Einleitung, das heisst, mit Wörtern wie «erzählen», «Geschichte» («Ich möchte, dass Sie mir in Ihren Worten erzählen, wie es dazu kam...» oder «Ich gehe davon aus, dass hinter jedem Suizidversuch eine Geschichte ist; können Sie mir davon erzählen?») begannen.

Im Lichte der Handlungstheorie ist das traditionelle medizinische Krankheitsmodell eine schlechte Basis für eine therapeutische Beziehung zum suizidalen Menschen. Als Mediziner habe ich gelernt, Symptome zu erkennen und Diagnosen zu stellen. Pathologie impliziert selbstverständlich, dass sie korrigiert, bzw. behandelt werden muss. Im traditionellen Rollenverständnis des Arztes und Helfers (und ich schliesse hier die Psychiater nicht aus) ist der Arzt der Experte, der das Phänomen, mit dem er konfrontiert ist, benennen und erklären muss. Ganz offensichtlich fehlt hier der Diskurs mit einem Menschen, der selber denken, seine Handlungen erklären und planen kann. Im Gegensatz dazu sieht das handlungstheoretische Menschenbild den Menschen nicht als ein passives biologisches oder psychologisches System, das von äusseren, nicht einsehbaren Kräften getrieben wird, sondern als ein Wesen, das reflektieren kann, und das daran interessiert ist, sich zu erklären – falls das Gegenüber bereit ist zuzuhören. Im Prinzip geht es darum, dem suizidalen Patienten zuzuhören und ihn als Menschen wahrzunehmen, der selber der «Experte» seiner eigenen Lebensgeschichte ist. David Jobes, Psychologe an der Catholic University of America drückt es so aus: «I want to see it through your eyes.»[8]

7 Michel et al. 2004.
8 Jobes 2000.

Was bedeutet dies für die Therapie?

Es tönt banal: Therapie, die etwas bringen soll, erfordert eine gute therapeutische Beziehung (oder therapeutische Allianz). Da müssen Therapeuten ganz offensichtlich über die Bücher. Wir müssen lernen, mit suizidalen Menschen eine Beziehung herzustellen, die sie als eine Art sichere Basis erleben und auch längerfristig benutzen können. Es folgt aber daraus überhaupt nicht unbedingt, dass es dazu eine intensive Therapie brauchte, wie man denken möchte. Vieles spricht eher dafür, dass es nicht eine Sache der Intensität der Therapie ist. Dass eine «Verankerung» ausgesprochen hilfreich sein kann, auch wenn sie nur absolut minimal ist, zeigt die Studie von Motto[9], in welcher über 800 Patienten, die einen Monat nach einem Suizidversuch keine Therapie aufgenommen hatten, in regelmässigen Abständen persönlich formulierte kurze Briefe erhielten; zuerst monatlich, dann zweimonatlich, später alle drei Monate, während 5 Jahren. Die Suizidhäufigkeit war in der «Briefgruppe» in den ersten zwei Jahren signifikant tiefer als bei denjenigen, die in Behandlung waren (!), und bei denjenigen ohne jegliche Therapie – diese Gruppe hatte die höchste Suizidrate, nämlich etwa doppelt so hoch wie diejenige der Briefgruppe. Hier ein Beispiel eines solchen Briefes: «Liebe... Es ist schon einige Zeit her, seit Sie im Krankenhaus waren, und wir hoffen, dass es Ihnen gut geht. Es würde uns freuen, von Ihnen zu hören, falls Sie uns einige Zeilen schreiben wollen.»[10] In eine ähnliche Richtung geht die sogenannte «green card study» von Morgan et al.[11], in welcher Patienten nach einem Suizidversuch eine kreditkartenähnliche Karte mit der direkten Telefonnummer des Dienstpsychiaters abgegeben wurde: Im Vergleich zur Kontrollgruppe beging die Interventionsgruppe weniger häufig Suizid bzw. Suizidversuche, allerdings war der Unterschied weniger gross als bei Motto.

Erstaunlich bei der Motto-Studie ist die langfristige Wirkung dieser absolut minimalen Intervention. Diese langfristige Wirkung ist deshalb so wichtig, weil – nach einem erfolgten Suizidversuch – das Suizidrisiko ja auch über Jahre nicht zurückgeht. Der suizidale, lebensbedrohliche Zustand, also das Erlebnis des unerträglichen seelischen Schmerzes, bleibt offensichtlich auf immer gespeichert. Spätere, ähnliche Situationen lösen wahrscheinlich eine Art Katastrophenreaktion aus, in der der Mensch nicht mehr langfristig denken und planen kann, sondern nur noch «blind» dem unerträglichen Zustand und dem als wertlos, ja als verhasst erfahre-

9 Motto et al. 2001.
10 dies., 829.
11 Secondary prevention, 1993.

nen Selbst ein Ende setzen will. Dies läuft umso schneller und unkontrollierter ab, je mehr Suizid als Lösung schon durchgespielt worden ist.

Die Bindungstheorie nach John Bowlby[12] sagt aus, dass der Mensch sich dann an bedeutsame zwischenmenschliche Bindungen erinnert, wenn er eine bedrohliche Situation erlebt. Sicher ist es so, dass ein Arzt oder Therapeut nur dann langfristig eine Verankerung sein kann, wenn der suizidale Mensch bei ihm auch eine therapeutische Beziehung erlebt hat, die ihm etwas bedeutete. Das Ziel muss sein, dass suizidale Menschen dadurch eine Art Gegenkraft in sich gespeichert haben, eine therapeutische Bindung zu einem Menschen, der quasi stellvertretend das Leben vertritt, der einem schon einmal geholfen hat, der einen versteht, ohne wertend zu sein.

In diesem Zusammenhang sind neue therapeutische Strategien entwickelt worden.[13] Das dem Zen-Buddhismus entlehnte Prinzip der «Achtsamkeit» (engl. mindfulness) basiert darauf, dass der Mensch sich auch in Momenten der Krise seines momentanen Zustandes bewusst werden kann – und damit ebenfalls ein Gegengewicht zum stressgesteuerten unüberlegten Handeln entwickelt. Beides zusammen, die Verankerung bei einem Menschen und das Erlernen des Prinzips der Achtsamkeit, sind im Moment vielversprechende Mittel im Hinblick auf die Reduktion des Suizidrisikos bei suizidalen Menschen.

Bibliografie

Bateman, A. W. / Fonagy, P.: Mentalization-based treatment of BPD. Journal of Personality Disorders, 18(1), 36–51, 2004.

Baumeister, R. F.: Suicide as escape from self. Psychological Review, 97 (1), 90–113, 1990.

Bowlby, J.: A Secure Base. Clinical Applications of Attachment Theory, Routledge, 1998.

Harris, E. C. / Barraclough, B.: Suicide as an outcome for mental disorders. British Journal of Psychiatry 170, 205–228, 1997.

Isometsä, E. T. / Heikkinen, M. E. / Marttunen, M. J. / Henriksson, M. M. / Aro, H. M. / Lönnqvist, J. K.: The last appointment before suicide: Is suicide intent communicated? American Journal of Psychiatry 152, 919–92, 1995.

Jobes, D.: Collaborating to prevent suicide: A clinical research perspective. Suicide and Life-Threatening Behavior 30, 8–17, 2000.

Linehan, M. M. / Armstrong, H. E. / Suarez, A. / Allmon, D. / Heard, H. L.: Cognitive-behavioral treatment of chronically parasuicidal borderline patients. Archives of General Psychiatry 48, 1060–1064, 1991.

---

12 Bowlby 1998.
13 Mark et al. 2004; Bateman et al. 2004.

Maris, R.: Pathways to suicide: A survey of self-destructive behaviors. Baltimore: The Johns Hopkins University Press, 1981.

Mark, J. / Williams, G. / Swales, M.: The use of mindfulness-based approaches for suicidal patients, Archives of Suicide Research 8, 315–329, 2004.

Michel, K. / Dey, P. / Stadler, K. / Valach, L.: Therapist sensitivity towards emotional life career issues and the working alliance with suicide attempters, Archives of Suicide Research 8, 203–213, 2004.

Michel, K. / Valach, L.: Suicide as goal-directed behaviour, Archives of Suicide Research 3, 213–221, 1997.

Michel, K. / Valach, L. / Waeber, V.: Understanding deliberate self-harm: The patients' views. Crisis 15, 172–178, 1994.

Morgan, H. G. / Jones, E. M./ Owen, J. H.: Secondary prevention of non-fatal deliberate self-harm. The green card study, The British Journal of Psychiatry 163: 111–112, 1993.

Motto, J. A. / Bostrom, A. G.: A randomized controlled trial of postcrisis suicide prevention. Psychiatric Services 52(6), 828–33, 2001.

Runeson, B. S.: Suicide after parasuicide, British Medical Journal 16(325), 1125–1126, 2002.

Rutz, W. / von Knorring, L. / Walinder, J.: Long-term effects of an educational program for general practitioners given by the Swedish Commitee for the Prevention and Treatment of Depression. Acta Psychiatrica Scandinavica 85, 83–88, 1992.

3. Teil:

Familiäre Hintergründe

Xavier Pommereau

SUIZIDVERHALTEN BEI JUGENDLICHEN

Wer in seinem näheren oder weiteren Umfeld einen Suizid miterlebt, wird diesen Akt in den allermeisten Fällen als Tragödie wahrnehmen und als grenzenlose Verschleuderung des häufig bemerkenswerten Potenzials der Person, die ihrem Leben ein Ende gesetzt hat. Noch ausgeprägter ist dieses Gefühl, wenn ein Jugendlicher Suizid begeht. Dann stellt der suizidale Akt eine Ungeheuerlichkeit dar, die sich dem Begreifen insofern entzieht, als ein Mensch im Werden betroffen ist. Im Bewusstsein der Öffentlichkeit weniger präsent ist hingegen, dass dem Skandal dieses vorzeitigen Todes ein inakzeptables Paradox zugrunde liegt: Einerseits ist, für den Suizidenten wie für sein Umfeld, die vermutete Ursache nicht immer die wahre – denn ein auslösender Faktor, obwohl evident, ist kein genügender Erklärungsgrund dafür, dass gerade *dieser* Mensch sich das Leben nehmen will, nicht hingegen jener andere, vordergründig mit denselben Schwierigkeiten konfrontierte Mensch. Andererseits drückt der Verzweifelte mit seinem Akt einen todbringenden Willen aus, der unbewusst den grandiosen Wunsch zu leben in sich birgt. Wie immer sie auch ausgehen mag, die suizidale Tragödie beruht auf einem folgenschweren Missverständnis. Der Jugendliche stirbt oder riskiert zu sterben in Unkenntnis der näheren Umstände seines Entscheids, während seine Angehörigen und Freunde hilflos in der Überzeugung verharren, sie hätten es nicht verstanden, ihm rechtzeitig zu helfen. Aufgrund unserer klinischen Erfahrung neigen wir im Übrigen zur Ansicht, am stärksten gefährdet sei, wer keinen Zugang zum Fundament des eigenen Leidens hat und darum nicht in der Lage ist, sich mit diesem Fundament auseinander zu setzen und es sich anzueignen. Möge dieser Aufsatz all diejenigen unterstützen, die – in ihrer Arbeit, in ihrer Familie oder in ihrem Umfeld – sich weigern, das suizidale Drama als Fatalität zu betrachten, und die vielmehr ihre Energien mobilisieren, damit suizidgefährdete Jugendliche andere Auswege aus ihrem Lebensüberdruss finden – konstruktive und lebensorientierte Auswege.

Schluss machen, aber womit?

Junge Suizidenten schreiben in der Regel ihrem Akt präzise Gründe zu: Liebeskummer, Schulprobleme, akuter Familienkonflikt, kürzlich erfolgter Tod einer Bezugsperson usw. Zuweilen wird die Geste scheinbar durch das Zusammentreffen mehrerer negativer Ereignisse ausgelöst. «Mein Freund hat mich verlassen und geht nun mit meiner besten Freundin», klagte die 16-jährige Alexandra, als sie nach einer Überdosis von Medikamenten aufwachte. «Und mit meinem Vater habe ich ständig Krach und vor ein paar Tagen ist meine Katze gestorben – sie war die Einzige, die mich verstanden hat.» Diese auslösenden Faktoren weisen implizit darauf hin, worum es eigentlich geht, täuschen aber zugleich darüber hinweg, dass ganz persönliche Einbrüche des Selbstwertgefühls und der eigenen Identität mit hineinspielen. Je geringfügiger die Motive, umso wichtiger ist es, von ihrer formalen Erscheinung abzusehen, um sie grundsätzlich zu erfassen. Derartige Ereignisse erweisen sich *dann* als unüberwindbar, wenn sie ein geheimeres, dem Individuum nicht deutlich bewusstes Leiden reaktivieren. Dass etwa Liebeskummer völlig unerträglich ist, signalisiert, dass jemand sich emotional in hohem Masse engagiert hat, was wiederum oft auf ein ungelöstes Abhängigkeitsverhältnis zu Vater oder Mutter hinweist. Die tragische Dimension schulischen Scheiterns hängt ab von der Selbstachtung des Individuums und seiner – realen oder angenommenen – Angst, die Liebe der Seinen zu verlieren, sollte es den in es gesetzten Erwartungen nicht entsprechen. Ein Konflikt innerhalb der Familie oder eine Trauersituation (auch im übertragenen Sinn) untergraben die Stellung, die Identität und das Selbstwertgefühl eines Subjekts, das nicht bloss unsicher ist, ob es leben und überleben kann, sondern auch, ob es als einzigartiges und einmaliges Individuum existieren kann. Das vordergründige Motiv für den suizidalen Akt erweist sich demnach lediglich als die Spitze des Eisbergs. Es ist Ausdruck eines als unüberwindbar betrachteten Gefühls von Verlassenheit, Verlust oder Identitätszusammenbruch. Dieses Gefühl lässt Jugendliche in Not oft sagen: «Ohne den anderen bin ich nichts, weshalb also weitermachen?» oder: «Ohne den anderen kann ich nicht sein, ich weiss nicht einmal wer ich bin, ich hasse mich, also kann ich ebenso gut verschwinden.»

In weniger als einem Drittel der Fälle ist dieses schmerzliche Erleben des «Nicht-Existierens» auf schwere, zunehmende Stimmungs- oder Persönlichkeitsstörungen (Depression, Psychose ...) zurückzuführen, die ei-

ner vertieften medizinischen Abklärung bedürfen. In derartigen Konstellationen stossen wir häufig auf die folgenden Elemente: familiäre Vorbela-
stung der erwähnten Art, Schweregrad verschiedener bereits vollzogener
Handlungen (Ausreissen, übertriebenes Risikoverhalten usw.), Gewalt-
potenzial des im Suizidversuch verwendeten Mittels, seltsame, krankhaf-
te, ja völlig rätselhafte Aussagen des Individuums. Die 17-jährige Karin
hat verdünntes Javelwasser geschluckt, «um mich zu reinigen, denn ich
fühle mich von innen her verdorben». Der 18-jährige Michael meinte nach
einem erfolglosen Suizidversuch durch Strangulation: «Ich wollte die Welt
vom schändlichsten Menschen überhaupt befreien; ich weiss nicht mehr,
ob ich ein Mann oder eine Frau bin.»

In mehr als zwei Dritteln der Fälle aber hat das existenzielle Leiden des
suizidalen Jugendlichen – selbst wenn es begleitet ist von Angstzuständen
oder Depressionen – nichts mit einer bereits ausgebrochenen oder sich
anbahnenden psychischen Krankheit zu tun. Vielmehr ist es Ausdruck
einer bedrohten Identität und Affektivität, die das Subjekt gerade dann
belastet, wenn es infolge der Pubertät und der von ihr ausgelösten Sexua-
lisierung der Beziehungen eine Wiederbelebung der ödipalen Verstrickung in seiner persönlichen oder familiären Geschichte erfährt. Diese
Bedrohung kann damit zusammenhängen, dass verdrängte kindliche
Traumata (vorzeitige Trennung, körperliche und sexuelle Gewalt, Fami-
liendramen, ungeklärte Herkunft ...) plötzlich erneut aufbrechen. Die 15-
jährige Christelle etwa wollte sich mit einer Dosis Schlaftabletten ihrer
Mutter umbringen, «um diese Familie zu vergessen, in der ich keinen Platz
habe». Zum Psychiater, den sie nach ihrem Erwachen auf der Notfallstation sieht, bemerkt sie, sie sei «des Lebens überdrüssig» und sie habe «alles satt»: Ihr Vater ziehe ihr ihre jüngere Schwester vor, mit ihrer Mutter
sei sie wegen ihrer schulischen Leistungen und weil sie abends ausgehen
wolle, in ständigem Konflikt, und noch immer habe sie keinen Freund.
Nach zwei Sitzungen der ganzen Familie bei einem Familientherapeuten
erfährt Christelle, was man ihr immer verbergen wollte: In Wirklichkeit
ist ihr Vater nicht ihr Vater.

Die 17-jährige Adélaïde ihrerseits geht immer wieder ein Verhältnis
ohne Zukunft mit älteren Männern ein und macht nach jeder Trennung
einen Suizidversuch. Sie wird eine Psychotherapie beginnen müssen, um
zu erkennen, dass ihr tumultuöses Liebesleben mit ihrem Bedürfnis zusammenhängt, die als Achtjährige erlittene sexuelle Belästigung durch ihren Grossvater väterlicherseits ungeschehen zu machen.

Doch die heftige Identitätskrise so vieler Jugendlicher kann auch Folge
davon sein, dass sich das Familienklima, von den Angehörigen meist un-
bemerkt, schleichend verschlechtert. Allzu viele Kinder werden von ihren
Eltern als Objekte der Liebe auf Objekte überhaupt reduziert, von Eltern,

die nicht wissen, dass sie durch ihre eigene affektive Suche ihre Kinder ersticken. Der heranwachsende sexuelle Körper und die dadurch erlebte ödipale Verstrickung (insbesondere die Angst, erzeugt durch Horrorszenarien wie Inzest und Vatermord) zwingen in der Pubertät jeden Jugendlichen zur Distanznahme gegenüber den Eltern. Genau dies aber verunmöglichen die genannten affektiven Besetzungen von Seiten der Eltern. Dann wird das Familienklima unerträglich. Die Nichtanerkennung seiner eigenen Territorien, das wiederholte Eindringen in seine Privatsphäre, Zusammenstösse und Ungereimtheiten aller Art sowie die Verwischung der intergenerationellen Barrieren tragen zur Auflösung von Orientierungsmarken und Grenzen bei und zwingen den Jugendlichen dazu – in der Realität des Körpers und des Verhaltens –, diese nicht tolerierbaren Annäherungsversuche selbst zu unterbinden. Die betroffenen Familien erscheinen, das sei eigens betont, «ganz normal». Nicht selten bekennen sie sich gar ausdrücklich zu Konsens oder Beziehungsnähe und sprechen so den Konflikten ihre vorrangige Rolle ab, nämlich zu trennen und zu unterscheiden. Typisch für sie ist, dass Platz und Funktionen der einzelnen Mitglieder oft im Unklaren bleiben, dass vieles ungesagt bleibt, und starke affektive Abhängigkeiten und Exklusivitätsansprüche von einer Generation auf die andere übertragen werden. So vertraut beispielsweise die Mutter der 16-jährigen Magali ihrer ältesten Tochter sämtliche Eheprobleme an, «weil Magali und ich ein Herz und eine Seele sind». Jérôme, der 17-jährige Jugendliche, dessen Vater vor zwei Jahren bei einem Autounfall umgekommen ist, möchte «lieber sterben und zu meinem Vater gehen, als meinen Stiefvater akzeptieren, von dem meine Mutter möchte, dass ich ihn so liebe, als wären wir blutsverwandt».

In solchen Fällen artikuliert der suizidgefährdete Jugendliche lautstark die Schwierigkeiten seiner Angehörigen, ihren eigenen Platz und ihre eigene Identität zu erkennen und anzunehmen. Zahlreiche Faktoren können solche «Krisenherde» entfachen: soziale Ausgrenzung, kultureller Bruch, gegenseitiges Absprechen der Elternschaft unter Ex-Partnern, mehrfach veränderte Familienzusammensetzung usw. Am explosivsten ist die Situation, wenn die einzelnen Familienmitglieder in ihrer Andersheit verleugnet werden und in einengenden, von Verwirrung und Sprachlosigkeit geprägten Beziehungsmodalitäten gefangen sind.

Der Tod oder das Leben?

Der Mensch ist, so seltsam es auch klingen mag, nicht in der Lage, sich den eigenen Tod vorzustellen. Er kann ihn sich ausmalen, nicht aber als solchen erfassen, denn die «Nichtung des Ich» setzt die Auflösung sämtlicher Orientierungsmarken in einem undenkbaren Unendlichen voraus. Letztlich weiss jeder, dass er eines Tages sterben muss, weil er einerseits das Sterben anderer Menschen miterlebt und weil ihm andererseits wiederholt eingeschärft wird, seine Stunde werde kommen; an die eigene Endlichkeit indes vermag er nur in der geheimen Hoffnung zu denken, er selbst sei nicht sterblich! Aus diesem Grund sind vermutlich auch die Todesvorstellungen nichts anderes als dem Leben entlehnte Metaphern: Der Mensch gesteht der Realität die Sterblichkeit seines Körpers nur um den Preis der Unsterblichkeit seiner Seele ein. Die Heilsreligionen stützen sich auf dieses Konzept; die Thematik von Auferstehung, Reinkarnation und Metempsychose prägt zahlreiche Kulturen; die Todesvorstellungen nehmen je nachdem die Form von Regungslosigkeit, Ruhe, innerem Frieden, ewigem Schlaf, Nirwana usw. an. Ob er es zugibt oder nicht, der Mensch ist unfähig, das Unendliche, das Unbekannte oder das Nichts zu relativieren. Auch der suizidale Jugendliche kann sich dieser condition humaine nicht entziehen, und noch sein Wunsch, «Schluss zu machen», bleibt eine lebendige Projektion, worin er sich in der Hoffnung auf ein «besseres Leben» dieses Leidens oder eben dieses Lebens entledigen zu können glaubt. Er sucht allererst die Regsamkeit des Geistes zu stoppen, das heisst, nichts mehr zu denken, um nicht mehr zu leiden, da es ihm nicht gelingt, seine Konflikte im Hinblick auf eine mögliche Lösung anzugehen. In dieser Dimension des suizidalen Vorhaben spiegelt sich weniger der Wille zu «verschwinden», als der Wunsch, die Probleme «zum Verschwinden zu bringen». Der Ausweg in Flucht oder Vergessen, vielfach mit Hilfe von Gift oder Beruhigungsmitteln, hält manche jugendliche Suizidenten nicht davon ab, sich weiterhin bewusst in der Hoffnung und in der die Illusion einer wundersamen Konfliktlösung zu wiegen: Sollten sie aus dem toxischen Koma aufwachen, würde sich das affektive Klima vielleicht zu ihren Gunsten ändern. Die 16-jährige Vanessa schluckte zweimal «eine Hand voll Beruhigungsmittel» in der Hoffnung, bei ihrem Aufwachen hätten die Eltern endlich begriffen, dass sie, Vanessa, unter ihrer Trennung litt, und dass ihre Eltern daraufhin ihre Trennung rückgängig machen würden. «Als ich im Spital erwachte und beide neben meinem Bett sah, glaubte ich, alles wird gut», gesteht sie und fügt sofort hinzu: «Dann hörte ich, wie meine Mutter zu meinem Vater sagte, es sei alles seine Schuld. Und ich wusste sofort: Es hat alles nichts genützt.» Der 18-jährige Mathieu wiederum hoffte, als er sich die Venen aufschnitt, seine Freundin würde endlich realisieren, «dass sie mich nicht verlassen darf, denn wenn ich für sie mein Leben riskiere, ist das der höchste Liebesbeweis».

Und wer den eigenen Qualen für immer ein Ende bereiten will, beabsichtigt unbewusst, sich seiner körperlichen Hülle zu entledigen, um im

Gedächtnis der Hinterbliebenen eine unauslöschliche Spur zu hinterlassen – eine Art und Weise, tot «mehr zu existieren» als lebend. So soll der Verlust, das Verlassenheitsgefühl oder der Mangel an eigener Identität für immer beseitigt werden: Dem Leben entfliehen, um in den Köpfen der Überlebenden zum allgegenwärtigen Phantom zu werden. Diese pathetische Existenzsuche über den Tod hinaus verwandelt sich, das sei eigens unterstrichen, in eine entsetzliche Herrschaft über den anderen, denn das Phantom des «Verstorbenen» setzt sich in der Erinnerung der Hinterbliebenen quälend fest und hindert sie auf grausame Weise an der Trauerarbeit. Das macht Frau G. durch, deren Sohn vor drei Jahren Suizid begangen hat: «Inzwischen weiss ich, was die Hölle auf Erden ist. Abend für Abend beim Einschlafen drängt sich mir Jérémys Gesicht auf, seine grossen Augen fixieren mich, als wollten sie sagen: «Siehst du, Mama, ich bin noch immer da. Weshalb hast du mir nicht mehr Anerkennung geschenkt, als ich noch lebte?» Es ist schrecklich. Ich habe das Gefühl, ich habe ihn nicht so zu lieben vermocht, wie er es gewollt hätte, und sei deshalb schuld an seinem Suizid.»

Jeder suizidale Akt stellt dergestalt eine grundlegende existenzielle Forderung dar – und sei es posthum. Deshalb müssen wir dem suizidalen Jugendlichen rechtzeitig helfen, einen erträglichen Platz und eine erträgliche Identität zu finden, und so seine Lebensfreude wieder wecken. Wir müssen aber auch den Nahestehenden – zuweilen «zu nahe Stehenden» – helfen. Sie sehen am besten, wie das Individuum leidet, und sie sind zugleich am wenigsten geeignet, eine Familiendynamik in Frage zu stellen, in die sie selbst zutiefst verwickelt sind.

Bibliografie

Debout, M.: Le suicide, Paris: Ellipses, 1996.
Jeammet, Ph. / Birot, E. (Hrsg.): Étude psychopathologique des tentatives de suicide chez l'adolescent et le jeune adulte (Collection psychiatrie de l'enfant). Paris: PUF, 1994.
Ladame, F. / Ottino, J. / Pawlak, C. (Hrsg.): Adolescence et suicide: des aspects épidémiologiques et psychopathologiques aux perspectives thérapeutiques (Collection médecine et psychothérapie). Paris: Masson, 1995.
Michaud, P.-A. / Alvin, P.: La santé des adolescents: approches, soins, prévention. Lausanne: Editions Payot und Paris: Dion, 1997.
Pommereau, X.: Was ist eigentlich los mit dir? Jugendliche und ihre Krisen verstehen. Zürich: Walter, 1998a.
——.: Un coquelicot en enfer (Roman). Paris: J.-C. Lattès, 1998b.
——..: L'adolescent suicidaire (Collection enfances). Paris: Dunod, [2]2001.

Patricia Bernheim

MARIANNE – EIN SCHWERES LEBEN

In Mariannes Augen liegt Schwermut. Sie lächelt nie oder kaum jemals ...
Vor 75 Jahren wurde sie in Genf geboren. Hinter ihr liegt ein von Depres-
sion gezeichnetes Leben. Wird sie nach den Anfängen ihres Leidens am
Leben gefragt, warnt sie ihr Gegenüber: «Hoffentlich haben Sie Zeit, denn
das liegt lange, lange, sehr lange zurück ...» Dann beginnt sie, ihre schon in
den ersten Tagen von traumatischen Erlebnissen durchzogene Lebensge-
schichte zu erzählen. Depressionen sind keine Schande und über Depres-
sionen muss man sprechen – das ist ihre Botschaft und deshalb hat sie in
das Interview eingewilligt.

Kurz nach der Geburt wird Marianne von ihrer Mutter weggegeben – das
erste Trauma. Die Mutter bleibt für immer unbekannt, aber auch der Vater
ist, wie sie es ausdrückt, «noch heute ein grosses Fragezeichen».

Sie wird bei einer Pflegemutter platziert, wo sie bis zum Alter von drei
Jahren bleibt. Dann wird sie erneut weggegeben, denn die Pflegemutter
erträgt es nicht, dass das Mädchen eine Bettnässerin ist. Ein neuer Pflegeplatz. In einer Familie mit nun insgesamt vier Mädchen. Hier wird sie
misshandelt, oft bestraft und schlecht ernährt. Noch immer nässt sie in
der Nacht das Bett. Sie wird verspottet; aufstehen darf sie nur, wenn die
Bettlaken trocken sind.

Als Siebenjährige wird sie von einer Verwandten aufgenommen. Doch
Marianne erweist sich, so ihre eigenen Worte, als «unausstehlich» und die
Kusine gibt schon bald auf. Neuerlicher Abschied und neuerliche Platzierung. Diesmal in einem Genfer Waisenhaus. Man schreibt das Jahr 1939,
das Heim lebt ausschliesslich von Spenden und wird kurz nach Kriegs-
ausbruch geschlossen. Marianne ist inzwischen neun Jahre alt. Und ist
nun schon an ihrem fünften Pflegeplatz. Diesmal ist es ein Waisenhaus
mit etwa dreissig Mädchen jeden Alters. «Dort war es schrecklich. Ich
wurde häufiger bestraft als die anderen, ich wurde misshandelt und geschlagen, bekam nichts zu essen und wurde gezwungen, im Keller oder
auf dem Dachboden zu schlafen. Aber noch schlimmer war, dass wir an-
gehalten wurden, einander zu verpetzen. Nur so konnte man sich beliebt
machen. Aber da habe ich nie mitgemacht – ein Grund mehr, mich nicht
zu mögen und mich zu bestrafen.»

Zum Glück waren da die anderen Mädchen. «Wir waren sechs und hiel-
ten zusammen wie Pech und Schwefel. Eine für alle und alle für eine – in

Freud und Leid.» So stark sind Freundschaft und gegenseitige Unterstützung, dass Marianne ein Adoptionsgesuch zum Scheitern bringt, um die anderen nicht verlassen zu müssen.

Vor ihrer Platzierung als Hausangestellte, damals das einzig mögliche Los für ein Waisenkind, lernte Marianne während zwölf Monaten kochen und die Wäsche besorgen. Dann ging es auf nach Saint-Imier in eine derart unerträgliche Familie, «dass ich mich sogar zurück nach dem Waisenhaus sehnte». Es folgte eine Stelle in einem herrschaftlichen Lausanner Haushalt als «Mädchen für alles». Der Hausherr nimmt den Ausdruck wörtlich: «Damals war ich überhaupt nicht aufgeklärt, über Sex hatte uns nie jemand etwas erzählt. Das war ein ganz grosses Tabu.» Die Hausherrin weiss besser Bescheid und stellt die junge Frau auf die Strasse, sobald sich der Verdacht bestätigt, ihr Ehemann habe die junge Frau verführt.

Marianne kehrt nach Genf zurück und beginnt eine Erholungskur. Kaum ist diese zu Ende, trifft sie einen jungen Mann, wird schwanger und heiratet ihn. Das Rad der Fortuna hat sich gedreht. Es folgen glückliche Ehejahre. Ihr Ehemann ist freundlich und zuvorkommend. Die beiden sind stolz auf ihre drei Kinder. Doch es gibt auch Schatten: Zum einen sind sie arm und müssen ständig gegen materielle Schwierigkeiten ankämpfen; zum anderen ist da Mariannes psychische Labilität. Mit leiser Stimme erzählt sie, sie sei immer sehr nervös gewesen und manchmal habe sie in der Wohnung alles kurz und klein geschlagen.

«Es musste ein Ende haben»

Das Rad der Fortuna dreht sich erneut. Marianne ist 44 Jahre alt und das Leben kippt. Ihr ältester Sohn ist schon vor Jahren auf die schiefe Bahn geraten. Marianne ist immer für ihn da; sie steht ihm bei mit Rat und Tat, sie begleitet ihn, doch es nützt alles nichts. «Jedes Mal, wenn ich versuchte, die Dinge zu verbessern, kam es erst recht zur Katastrophe.» So muss Marianne den Laden übernehmen, den sie und ihr Ehemann für den Sohn gekauft haben und den dieser nach drei Monaten aufgibt. Doch das ist zu viel Stress und Anstrengung. Immer häufiger ist sie mit ihren Nerven am Ende. Sie meldet für den Laden Konkurs an und bricht völlig zusammen. «Wie immer bereitete mein Mann eines Abends ein Bad für mich vor. Das ist meine letzte Erinnerung. Später bin ich dann im Spital von Prangins aufgewacht. Wie ich dorthin gelangt bin, weiss ich nicht.»

Es ist die erste Hospitalisierung in einer langen Reihe von Hospitalisierungen wegen schwerer Depressionen. «Den Laden meines Sohnes zu übernehmen, das hatte mich ausgelaugt. Ich konnte nicht mehr. Ich hatte nur noch einen Gedanken: mich umzubringen.» Im Laufe der folgenden

Jahre unternimmt Marianne zahlreiche Suizidversuche. «Aber immer stellte sich mir jemand in den Weg, um mich daran zu hindern. Ich war enttäuscht und mehr denn je bereit, es nochmals zu versuchen. Ich konnte nicht mehr. Es musste ein Ende haben.» Nichts kann ihrer abgrundtiefen Verzweiflung entgegenwirken: weder mehrere längere Aufenthalte in einer psychiatrischen Klinik noch Schlafkuren, weder Medikamente noch die Unterstützung ihres Ehemannes.

Und nochmals ein Schicksalsschlag: 1987 stirbt ihr Ehemann. «Er ist still und leise gegangen, gestorben an einem Lungenödem.» Dieser Tod stürzt sie erneut in eine tiefe Depression. Neun Monate ist sie in der Klinik von Cery hospitalisiert, wird 22-mal einer Elektroschock-Therapie unterzogen. «Wieder zu Hause, fühlte ich mich ebenso aufgeschmissen wie zuvor. Ich wusste nicht mehr, wer ich war und wohin ich ging. In meinem Kopf, da funktionierte überhaupt nichts mehr.»

Ein Lichtblick

Doch vor wenigen Jahren, nach dreissigjährigem Kampf gegen die Depression, hat Marianne die ersten Anzeichen einer Veränderung bemerkt. «Seit ein paar Jahren sind die Medikamente gut eingestellt. Aber es brauchte Zeit, bis ein Gleichgewicht gefunden war.» Ein weiterer wichtiger Faktor: Seit vier Jahren geht sie zweimal wöchentlich in die Tagesklinik von Cery. Dort lernt sie, wieder «halbwegs normal» zu leben. Dort lernt sie Leute kennen und freut sich, wenn sie ihre Bekannten wieder trifft. «Wenn ich in die Klinik Les Baumettes gehe, dann ist es, als lebte ich auf. Ich habe wieder Freude am Leben. Dort bin ich ganz im Hier und Jetzt, ich denke an nichts anderes.» Parallel dazu erhält Marianne vom sozialmedizinischen Zentrum im Quartier Hilfe für Haushalt und Einkäufe. «Ich will meinen Kindern so wenig wie möglich zur Last fallen.»

Gleichwohl herrscht in ihrem Leben nicht immer Ruhe und Gelassenheit. Es gibt Rückfälle, immer wieder. Doch mit der Zeit lernt sie, die Anzeichen von Krisen zu erkennen und entsprechend zu reagieren. «Meist gibt es keine Vorwarnung. Ich wache am Morgen auf, völlig angespannt; da könnte ich ohne weiteres Suizid begehen. Ich versuche dann, mich in den Griff zu bekommen, mich anzukleiden und aus dem Haus zu gehen. Wenn ich allein zu Hause bleibe, dann wird es schwierig. Ich habe zu viele Fragezeichen im Kopf und könnte eine Dummheit anstellen.»

Im Laufe der Jahre hat sich Marianne mit ihrem Zustand abgefunden. «Man muss damit leben. Es gibt kein Wunderheilmittel. Man muss die Krankheit ohne Schamgefühl annehmen und sich sagen: Nimm den Tag, wie er kommt! Deshalb kann ich heute gelassener sein und ruhiger leben.

Eines aber ist gewiss: Sollte mir etwas passieren, dann lehne ich alles, aber auch wirklich alles ab, was mein Leben verlängern könnte. Ich bin hart im Nehmen, aber ich habe mein Teil abbekommen.»

Nachdem sie sich versichert hat, dass «alles gesagt ist», will Marianne das Gespräch beenden. «Sie müssen verstehen, darüber reden, das wühlt auf, nicht wahr...»

Marco Vannotti

Suizidales Verhalten und Familie: Verletzlichkeits- und Schutzfaktoren

Einleitung

Suizidales Verhalten geht die ganze Gesellschaft etwas an. Das hat mit seiner Genese und Häufigkeit sowie mit seinen Auswirkungen auf die Familie zu tun. Für die Gesundheit der Gesellschaft stellt suizidales Verhalten ein gravierendes Problem dar.[1]

Für die Suizidprävention ist es wichtig, jene sozialen und psychologischen Faktoren zu kennen, die für Suizid anfällig machen oder davor schützen. Deshalb setzt die ethische Reflexion zum Thema Suizid zwingend eine Einsicht in das menschliche Verhalten voraus, welche die psychische Komplexität des Subjekts, die Beziehungsdimension seiner Existenz und die übrigen, sein Verhalten bestimmenden Umweltfaktoren berücksichtigt.

In der einschlägigen Literatur ist das Spektrum der wichtigsten Deutungen suizidalen Verhaltens breit: Es reicht von denjenigen, welche die Ursachen des Verhaltens in der Person selbst verorten, bis zu denjenigen, die diese Ursachen in der Aussenwelt situieren. Am Anfang der systemisch orientierten Psychotherapie steht die Reaktion gegen den Individualismus – dieser trat im ausgehenden 19. Jahrhundert für die Legitimität des Suizids als höchsten Ausdrucks der Freiheit des Individuums ein. Der systemische Ansatz geht das Verhalten und den moralischen Schmerz in ihrem Kontext und nicht bloss über psychische Abläufe an und interessiert sich namentlich für die Rolle der Familie als Schutzfaktor oder aber als Risikomilieu.

Nähern wir uns dem Verhältnis von suizidalem Verhalten und familiärem Umfeld über einen Umweg. Während der herrschende Individualismus tendenziell dem Individuum allein die Motivation und die Verantwortung für seine Handlungen zuerkennt, kristallisierten die Entdeckungen der Gruppenpsychologie die «systemische Konditionierung» menschlichen Verhaltens heraus. Doch die Annahme einer überwiegenden systemischen Determiniertheit bedarf aus verschiedenen Gründen der Korrektur: Einerseits gilt es in der Perspektive einer komplexen Genese der Verhaltensweisen zu argumentieren. Andererseits ist

---

1 Paccaud 1992.

die Engführung einer linearen Kausalität zu überwinden, wonach die Verantwortung für die suizidale Geste allein dem Individuum oder allein der Familie zufällt. Andere Faktoren können das suizidale Verhalten entscheidend beeinflussen: kontextbedingte, wie der Zugang zu den eingesetzten Mitteln (Feuerwaffen, Gifte), oder kulturelle, wie etwa der religiöse Glaube. Die verschiedenen auslösenden Faktoren suizidalen Verhaltens sind nicht als alternativ oder als sich gegenseitig ausschliessend, sondern als untereinander wesentlich komplementär zu betrachten.

Wie das suizidale Verhalten im familiären Kontext angegangen werden kann, zeigen die nachstehenden Überlegungen summarisch an folgenden drei Punkten:

1. Inwiefern lässt sich innerhalb der Familie ein Zusammenspiel von Verletzlichkeitsfaktoren beobachten, womit das Aufkommen suizidalen Verhaltens begünstigt werden kann?
2. Auf welche Schutzfaktoren kann sich die Familie bei der Hilfeleistung an Personen in Notlagen stützen?
3. Inwiefern ist die Familie von suizidalem Verhalten bedroht?

Der Zugang zu Familien in suizidalen Situationen

Der Zugang zu Familien in suizidalen Situationen ist mit zwei Zielen verbunden: Zum einen soll ergründet werden, welche früheren Ereignisse, welche familiären Störungen in dieser oder jener Weise das Aufkommen selbstzerstörerischen Verhaltens zu begünstigen vermögen; zum anderen werden die Ressourcen untersucht, über welche die Familie verfügt, um diese Entwicklung zu verhindern und das Familienmitglied vor seinen selbstzerstörerischen Regungen zu schützen.

Verletzlichkeit

Als Erstes befassen wir uns mit Ereignissen und Störungen, die verhältnismässig selten thematisiert werden. Aus Platzgründen behandeln wir dabei nur zwei von vielen Faktoren: die häusliche Gewalt und die Verschleierung des Leidens.

Die häusliche Gewalt

Die häusliche Gewalt stellt ein gravierendes und verbreitetes Phänomen dar.[2] Wir verstehen darunter Gewalt, die von den beiden Partnern und von anderen Familienmitgliedern ausgeübt wird; zum Ausdruck kommt sie in *physischen, sexuellen und psychischen Misshandlungen* und/oder in der *Vernachlässigung.*

Es geht um Verhaltensweisen, die auf Einschüchterung oder Verfolgung abzielen: mit Verlassen oder Misshandlungen drohen, überwachen, Gegenstände zerstören, isolieren, verbal bedrohen, ständig demütigen sowie Suiziddrohungen oder Suizidversuche eines Familienmitgliedes. Wer diese Form von Gewalt ausübt, versetzt seine Angehörigen in ein Klima der Verachtung, der Verunsicherung und der Angst.

Die häusliche Gewalt ist stark verbreitet. Gemäss einer amerikanischen Untersuchung[3] werden in den USA jährlich rund 1.5 Millionen Frauen und 800 000 Männer von ihren Partnern oder von einem Angehörigen körperlich oder sexuell angegriffen. In dieser nationalen Umfrage erklärten beinahe 25 % der Frauen und 7, 6 % der Männer, sie seien irgendwann in ihrem Leben körperlich oder sexuell missbraucht worden. Die Resultate vergleichbarer Untersuchungen aus der Schweiz weisen in dieselbe Richtung.[4]

Aus der Forschung ist zudem bekannt, dass diese Form von Gewalt oft tradiert wird und dass viele in einem gewalttätigen Klima lebende Personen in einer Art von negativem Lernprozess dazu neigen, Gewalt, namentlich gegen die eigene Person, anzuwenden.

Eigens zu erwähnen ist, dass die Selbstachtung von Opfern oder Zeugen von Gewalt und damit auch ihre Lebensfreude und ihr Lebenswille stark herabgesetzt sind. Gewalt gefährdet die Verlässlichkeit der Beziehungen, sie missachtet vor allem ganz wesentlich das Recht jedes Individuums auf Respekt sowie die diesem Individuum auferlegte Pflicht, die eigene wie die Integrität des anderen zu respektieren.

Dabei schadet ein Klima der Gewalt insbesondere den schwächsten Familienmitgliedern; wir denken hier an Kinder und Jugendliche.

Zahlreiche Autoren haben beschrieben, wie bei Kindern und Jugendlichen der Suizidwunsch entsteht und welche Rolle dabei namentlich die von Jugendlichen erlittene Gewalt spielt. Loper de Bonneval[5] weist nach, dass Jugendliche, die Opfer oder oft Zeugen von häuslicher Gewalt sind, statistisch gesehen häufiger Suizidversuche unternehmen als gleichaltrige

2 WHO 2002.
3 Tjaden et al. 2000.
4 Gillioz et al. 1997; Halpérin et al. 1997.
5 Loper de Bonneval 1991.

Jugendliche derselben Gesellschaftsschicht, die nicht Opfer von Gewalt sind.

Kinder erleben in ihrem familiären Umfeld ganz unterschiedliche Formen von Gewalt; hier beschränken wir uns – im Sinne eines Beispiels – auf physische und psychische Gewalt.

In ihren Arbeiten liefern Paola Di Blasio und Stefano Cirillo[6] ein zweckmässiges Modell, mit dessen Hilfe eine klinische Hypothese über jenen Prozess aufgestellt werden kann, der von der erlittenen Gewalt zu der gegen sich selbst gerichteten Gewalt verläuft. Die Autoren beschreiben die «typischen Spiele in den misshandelnden Familien», auf die wir normalerweise in jenen Familien stossen, in denen es zu Gewalt gegen Kinder kommt. Sie konzentrieren sich vor allem auf die Reaktionen des Kindes. Für sie ergibt sich das gewalttätige Verhalten aus einem ungelösten Beziehungskonflikt zwischen den Eltern.

Schwelt zwischen den Eltern ein Ehekonflikt, der das Familienklima vergiftet, sehen sich oft beide Elternteile als Opfer: Der eine verwirklicht sich im Opferstatus und in kompensatorischen Aktivitäten; der andere im Rückzug, ja in der Zerrüttung. In der Regel reagiert das Kind mit Traurigkeit und Angstzuständen auf den Konflikt und wird ausgesprochen reizbar.

In der Folge bezieht das Kind Stellung, und es kommt zu einer Annäherung an den als Opfer betrachteten Elternteil. Der Elternteil, der sich seinerseits als Opfer präsentiert, beginnt das Kind anzustacheln, sich dem anderen Elternteil zu widersetzen und dessen Autorität zu untergraben. Selbstverständlich wird dieser andere Elternteil gegenüber dem Kind, das sich ihm widersetzt, gewalttätig werden.

Das Kind seinerseits, als Opfer der Gewalt eines Elternteils, entwickelt diesem gegenüber schnell Wut und Feindseligkeit. Diese Gefühle sind aber kein adäquater Ausdruck der tiefen Not des Kindes.

Der Elternteil, der sich als Verlierer betrachtet, will sein Kind im Übrigen glauben machen, er sei sein bedingungsloser Verbündeter. So sieht sich das Kind allmählich als jene Person, ohne die der verlierende Elternteil nicht existieren kann; es fühlt sich in den Rang des «auserwählten Ritters» erhoben.

Das Drama spitzt sich häufig dann zu, wenn das Kind zu Beginn der Adoleszenz gewahr wird, dass der verlierende Elternteil es mit seiner Zuwendung und seiner angeblich selbstlosen Liebe in Wahrheit manipulierte und benutzte. Zu diesem Zeitpunkt erkennt der Jugendliche, dass die ihm manifestierte Zuneigung nicht ihm selbst als dem, der er ist, galt, sondern

---

6 Cirillo/Di Blasio 1992.

dass sie ein Mittel darstellte, um aus ihm einen gegen den anderen Elternteil «einzusetzenden» Verbündeten zu machen. Er bemerkt seinen Irrtum und wird inne, wie verlogen die Haltung des Elternteils auf der Verliererseite eigentlich ist.

In dieser Beziehungskonstellation kann der Jugendliche eine derartige Verletzung, einen derartigen Verlust an Selbstachtung und eine derartige Wut gegenüber dem Elternteil, der ihn hintergangen hat, verspüren, dass er durch diese Gefühle zu einem suizidalen Akt verleitet werden kann.

Die Verschleierung des Leidens

Das von jedem Familienmitglied durchlebte Leiden bleibt oftmals verborgen und verkannt. Herrühren kann das Leiden von Vernachlässigung, Gewalt oder fehlendem Verständnis innerhalb des Familiensystems. Dieses Leiden reaktiviert in den Anfängen der Paarbeziehung und später in der Betreuung und Erziehung der eigenen Kinder jene Schwierigkeiten, welche die Eltern in ihrer Kindheit durchlebt hatten. Blenden die Eltern ihr Leiden aus, kommt es bei den Kindern zu einer Fehleinschätzung ihrer eigenen Bedürfnisse oder ihrer Wahrnehmungen. Wir haben es dann gleichzeitig mit einer Verharmlosung des eigenen Leidens und einer Verkennung der Wirklichkeit zu tun.

Familien mit diesen Merkmalen verbergen oder verleugnen nicht zwangsläufig die Realität des Erlebten, neigen aber dazu, die damit verbundenen Gefühle abzuschwächen; dies gilt umso mehr, wenn das Leiden mit traumatischen Ereignissen verbunden ist.[7] Eine derartige Verkennung resultiert aus Idealisierungen oder Abspaltungen, mit deren Hilfe bisher nicht eingestandene Verluste oder traumatische Situationen überdeckt werden sollen – die Abspaltung besteht hier in einer Trennung zwischen den Ereignissen und ihren emotionalen Auswirkungen.

Wird einem Jugendlichen bewusst, dass ihm seine Eltern – selbst in bester Absicht – ein Leiden, einen Verlust im weitesten Sinn, ein Trauma verschwiegen haben, kann es vorkommen, dass das Gefühl der Verlassenheit und der Verlust der Selbstachtung ihn zu einer unbedachten Handlung verleiten.

---

7 Selvini 1995.

Schutzfaktoren

In der Familie liegt aber zugleich ein beträchtliches Unterstützungspotenzial für ein Familienmitglied mit aufkommendem suizidalem Verhalten. Für die Verhütung des Suizids können wir darauf bauen, dass sehr viele Familien über bemerkenswerte Ressourcen verfügen, um das Leiden des Individuums und der Gruppe zu lindern und um in gegenseitiger Solidarität das Leben zu fördern.

Die Familie präsentiert sich als eine spezifische Form sozialer Organisation, die sich in der Zeit fortschreibt und sich zugleich im Zyklus von Geburt und Tod erneuert. Wie sehr die heutige Familie sich auch gewandelt haben mag, als Grösse mit starker anthropologischer und sozialer Prägekraft hat sie noch immer ihren Platz. Sie ist nach wie vor die effizienteste Unterstützungs- und Solidaritätsinstanz für das einzelne Individuum.

Untersuchungen der menschlichen Systeme zeigen, dass Gemeinschaften sich mit Vorliebe in komplexen Strukturen organisieren, deren Eigenschaften aus einer wesentlich *intersubjektiven* Schöpfung oder Improvisation hervorgehen. Diese Eigenschaften und Regeln sind Teil dessen, was die *emergenten Qualitäten* eines Systems genannt werden. Ein menschliches System lässt sich mithin als ein komplexes Ensemble reziproker Interaktionen definieren. Innerhalb dieses Ensembles hängt das Verhalten des Individuums weitgehend davon ab, in welche Beziehungen es eingebettet ist. Eine der hervorragenden *emergenten Qualitäten* der Familie ist es denn auch, die verletzlichsten Mitglieder zu schützen.

Das systemische Denken interessiert sich seit seinen Anfängen für ethologische Studien zu Schutzkompetenzen bei Mensch und Tier. In dieser Perspektive orientiert es sich massgeblich an den Erkenntnissen der Bindungsforschung, welche die vitale emotionale Bedeutung der intersubjektiven Bindungen herausgearbeitet hat. John Bowlby[8] hat nachgewiesen, wie stark die Entwicklung des Kindes von der Präsenz, dem Versagen oder der Abwesenheit einer verlässlichen Bindungsfigur abhängt. Das reziproke Bindungsverhalten, wodurch sich das Kind geschützt und behütet fühlt, erzeugt in ihm das Gefühl von Sicherheit.

In unseren Gesellschaften ist den Eltern die Pflicht zu Sorge, Schutz und Erziehung übertragen, was wiederum die Entwicklung ihrer Kinder garantiert. Das Kind selbst nimmt seine Schutzbedürftigkeit wahr; es weiss, dass es ohne die Präsenz einer «Schutzfigur» nicht aufwachsen kann. Die Schutzfaktoren innerhalb der Familie können folglich grossen-

---

8 Bowlby 1973; ders. 1980.

teils auf die Fähigkeit zurückgeführt werden, die Bindungsbedürfnisse des Subjekts in einer suizidalen Notlage wahrzunehmen.

Folgen suizidalen Verhaltens für die Familie

Der Suizid einer vertrauten Person erschüttert in der Regel in hohem Masse das gewohnte Leben, die Beziehungen zu den anderen sowie die persönlichen Überzeugungen und Vorstellungen. Er wirkt sich zudem auf die sozialen Kontakte und auf die soziale Wahrnehmung des Individuums aus. Unlösbare Fragen und übersteigerte Emotionen sind Teil jenes Erlebens, mit dem sich Trauernde nach einem oft unerwarteten und zumeist brutalen Ereignis konfrontiert sehen.[9]

Aber nicht bloss der Suizid und die von ihm ausgelöste schwierige und anhaltende Trauerphase wirken sich tiefgreifend auf die Familie aus. Nur schon offen ausgesprochene Suizidgedanken oder konkrete Suiziddrohungen zeitigen auf ganz unterschiedlichen Ebenen Folgen für das Familienleben.

Eine Depression beispielsweise ist von Suizidgedanken begleitet. Dieser Pathologie wenden wir uns in den folgenden Abschnitten zu. In der Familie stört die Depression die Paarbeziehung. Sie wirkt sich auch – und damit befassen wir uns im Folgenden hauptsächlich – auf die Beziehung des depressiven Elternteils zu seinen Kindern aus. Die durch die Depression ausgelöste Suiziddrohung schädigt auf verschiedenen Wegen auch die Kinder. Die Unfähigkeit des Patienten, seine Elternrolle wahrzunehmen, schränkt seine Fähigkeit ein, minderjährige Kinder zu erziehen und zu schützen, aber auch seine Fähigkeit, sie zu lieben und ihnen die nötige Zuwendung zu schenken. Der Suizidgedanke kann den Elternteil distanziert, für die Anliegen der Kinder kaum empfänglich, ja gelegentlich gar nachlässig, feindselig oder gewalttätig machen.

Dem Suizidgedanken wohnt eine «kontaminierende Macht» inne. Sie besteht darin, nicht nur den Patienten selbst, sondern auch jede ihm nahestehende Person zu schädigen. Und zwar vor allem deshalb, weil der Suizidgedanke die Bindung an sich bedroht. Die einzelnen Familienmitglieder sind, jedes auf seine Weise, der Angst ausgesetzt, den suizidgefährdeten Angehörigen zu verlieren, und mit der Möglichkeit von Trennung und Trauer konfrontiert. Der Suizidgedanke bedroht die Bindung und damit das Fundament der affektiven Gewissheit und erzeugt so ein Spannungsfeld zwischen existenzieller Sicherheit und existenzieller Verunsicherung.

---

9 Castelli 2003.

Die Depression erhöht die Erwartungen des potenziellen Suizidenten an seine Umgebung tendenziell und versetzt ihn in die passive Position des Bittstellers. Dies ist aber an sich noch keine pathologische Situation. Insofern ist es legitim, dass sich der Patient jenen anheim stellt, die ihn unterstützen oder pflegen, und dass er nötigenfalls seine Elternrolle nur eingeschränkt wahrnimmt.

Es kommt jedoch vor, dass die Depression beim Elternteil Verhaltensweisen mit verderblichen und zerstörerischen Folgen für die ihm anvertrauten Minderjährigen auslöst oder verstärkt. Drei Konstellationen sind möglich. Die Entwicklung der Elternkompetenz verläuft zunehmend in Richtung Defizit oder Entzug: Dann leidet das Kind (1) unter Vernachlässigung, ja Verlassenheit. Die Beeinträchtigung der Elternfunktion nimmt eine aktivere Form an: Wir sind dann damit konfrontiert, dass es (2) zu gewalttätigem Verhalten oder (3) zu psychischen Misshandlungen kommt. Den letztgenannten, oft eintreffenden Fall halten wir für paradigmatisch. Ihm wenden wir uns nun zu.

Manche depressive Eltern drohen permanent mit Suizid und können nicht anders, als ihr Leiden in der Familie zur Schau zu stellen. Damit tyrannisieren sie ihre Kinder wie ihre Partnerin, ihren Partner auf subtile Weise.

Hegt ein Elternteil Suizidgedanken, werden die «heilenden» Ressourcen des Kindes oft massiv in Anspruch genommen, ohne dass jedoch dessen Bemühen und Sorgen um diesen Elternteil ausdrücklich anerkannt würden. Doch das subtile Gleichgewicht zwischen ausdrücklicher Anerkennung durch den Elternteil und dem inneren Gefühl des Kindes, die eigenen Leistungen entsprächen dem Geschuldeten, spielt eine wichtige Rolle, wenn es um die *Verlässlichkeit* der Beziehungen und folglich auch um das für die Entwicklung des Kindes so bedeutsame Sicherheitsgefühl geht. Umgekehrt können Nichtanerkennung und Abweichungen vom Grundsatz der «differenzierten Gerechtigkeit» in den Beziehungen schwerwiegende Leiden sowie Verhaltens- oder Entwicklungsstörungen hervorrufen.

Wir sind der Auffassung, dass Minderjährige, die in einem solchen Klima der repetitiven Zurschaustellung des Leidens, der permanenten Verunsicherung und der Todesdrohung leben, in Wahrheit Opfer seelischer Misshandlungen sind.

Schluss

Depression und Suizidgedanken oder die Tat selbst stellen nicht bloss für denjenigen, der dies alles durchlebt, sondern auch für dessen Umfeld eine tiefgreifende emotionale Erschütterung dar. Das Umfeld wird selbst durch die implizite Signalisierung eines Suizidwunsches in Frage gestellt und anschliessend aufgerufen, Familiensolidarität zu demonstrieren. Doch obwohl die Familienmitglieder von ihren Wahrnehmungen tief berührt sind, verbergen sie ihre Ängste manchmal voreinander, um nicht das Leiden aller noch zu verstärken. Das Leiden verschweigen, so die Annahme, macht es weniger «fühlbar». Aber wir wissen, dass auch das Gegenteil zutreffen kann: Nicht die Worte tun weh, sondern das Ungesagte. Die Strategie des Verschweigens fordert ihre Opfer, und jeder und jede hat den Preis dafür zu bezahlen – auf den Kindern ruht in dieser Hinsicht die schwerste Last. Das Leiden vor sich selbst wie vor den anderen zu verbergen, entzieht dem suizidalen Subjekt und den hilflosen Angehörigen den Schutz. Das Schweigen, nicht das Reden lädt zur Tat ein. Worte bezeugen ganz im Gegenteil die solidarische Fähigkeit, sich gemeinsam den Schwierigkeiten zu stellen.

Wir sind mit ganz unterschiedlich gelagerten Fällen in Berührung gekommen. Einige Konstanten weisen alle diese Fälle jedoch auf, beispielsweise das Bedürfnis des Patienten und seiner Angehörigen nach Unterstützung, die Verleugnung negativer Affekte und die Furcht vor einem als ungerecht empfundenen Tod.

Aufgrund dieser Feststellungen lässt sich nun skizzieren, wie ein sinnvoller Zugang zu Familien in suizidalen Situationen aussehen könnte:

Dieser zielt darauf ab, die Familie zu unterstützen, indem zuallererst die Kommunikation auch über die schmerzlichsten Themen gefördert wird. Nächstes Ziel ist es dann, die in der Familie vorhandenen bemerkenswerten Ressourcen zur Linderung des Leidens von Individuum und Gruppe und zur Förderung des Lebens in gegenseitiger Solidarität zu aktivieren.

Schliesslich zielt die Therapie darauf ab, die Verantwortung zu fördern: Gruppe und Individuum haben die Pflicht, das Leben zu fördern, sich gegenseitig am Leben zu erhalten.

Das Nachdenken über den Suizid verlangt zwingend, dass auch die ethische Frage nach der Verantwortung des Menschen für die Menschheit insgesamt gestellt wird. Der systemische Ansatz gründet auf einer spezifischen Wahrnehmung: In der belebten Natur existiert nichts isoliert für sich allein. Jede lebende Person gehört ihrerseits einer grösseren Gemeinschaft – ihrer Umwelt – an, an der sie aktiv teilhat. Wer sterben will, hegt die Absicht, die eigene Menschlichkeit der Gruppe zu entziehen; indem sie sich dem Suizidwillen des Individuums nicht widersetzt, verkennt auch die Gruppe die Menschlichkeit des Suizidenten.

Schliesslich sei betont, dass noch die grösste Not der von Suizidgedanken umgetriebenen depressiven Person niemals rechtfertigen kann, dass sie gegenüber ihren Angehörigen Gewalt ausübt und dass sie die Pflicht vernachlässigt, die gegenseitigen Bindungen sämtlicher Familienmitglieder zu respektieren. Daraus lässt sich schliessen, dass die Respektierung des Bindungsbedürfnisses des Individuums und die Verbannung jeder gewalttätigen Handlung für die Familie mit zu den wichtigsten Schutzfaktoren gehören.

Bibliografie

Bowlby, J.: Attachment & Loss II: Separation: Anxiety and Anger. New York: Basic Books, 1973.

——.: Attachment & Loss III: Loss: Sadness and Depression. New York: Basic Books, 1980.

Castelli Dransart, D. A.: «Nachsorge nach einem Suizid: Unterstützung des engeren und weiteren sozialen Umfelds von Suizidenten». In: Peter, H.-B./Mösli, P. (Hrsg.): Suizid ...?: aus dem Schatten eines Tabus. Zürich: Theologischer Verlag und Bern: Schweizerischer Evangelischer Kirchenbund, 149–160, 2003.

Cirillo, St. / Di Blasio, P.: Familiengewalt: Ein systemischer Ansatz. Stuttgart: Klett-Cotta, 1992.

Gillioz, L. / De Puy, J. / Ducret, V.: Domination et violence envers la femme dans le couple. Lausanne: Éditions Payot, 1997.

Halpérin, D.-S. / Bouvier, P. / Rey Wicky, H.: À contre-coeur, à contre-corps: Regards pluriels sur les abus sexuels d'enfants. Genf: Médecine & Hygiène, 1997.

Loper de Bonneval, S.: Suicides et tentatives de suicide à l'adolescence. DIA-GM 3, 199–202, 1991.

Paccaud, F.: «Epidémiologie et médecine préventive du suicide.» In: Revue médicale de la Suisse romande 112, 897–906, 1992.

Selvini, M.: Troubles mentaux graves et méconnaissance de la réalité. Thérapie familiale 16/2, 131–144, 1995.

Tjaden, P. G. / Thoennes, N.: Extent, nature and consequences of intimate partner violence: Findings from the National Violence Against Women Survey. Washington (DC): US Department of Justice, Office of Justice Programs, 2000.

World Health Organization (WHO): World report on violence and health. Genf: WHO, 2002.

4. Teil:

Sinn und Beziehungen «konstruieren» in den Grenzgebieten des Lebens

Lytta Basset

WIE LEBEN OHNE HOFFNUNG?
MEDITATION ZU HIOB

«Man» existiert nicht. Nicht «man» hat keine Hoffnung mehr, sondern ich, du, sie oder er. Hiobs Freunde sind fest entschlossen, ihren Freund in seinem Elend zu trösten, sie verstricken sich bei ihren Versuchen aber endgültig in dieses «Man-muss-nur». Kein Glaube an Gott oder an den Menschen ist an sich ein unfehlbares Rezept. Wie Hiob, jener alttestamentlichen Figur, kommt auch mir die Sprache nur von den schwankenden Schritten auf jenem Weg zu, der mich aus der Verzweiflung führt. «Warum gibt er dem Leidenden Licht / und Leben denen, die verbittert sind, / – die sich sehnen nach dem Tod, doch er kommt nicht...?» (Hiob 3, 20–21). So beendet Hiob einen langen Monolog, worin er seinen flehentlichen Wunsch, niemals gezeugt und niemals geboren worden zu sein, herausschreit. Wer ist dieser «Er», von dem er spricht? Ein unbestimmter Gott, mit dem kein Dialog möglich ist. Von ihm wird Hiob schon bald sagen, dass er ihn «ringsum eingeschlossen hat» (Hiob 3, 23). Wie sich einem Gott anvertrauen, der es scheinbar darauf abgesehen hat, jede Hoffnung auf einen positiven Ausweg zu zerstören? Und es gibt Schlimmeres, als keine Hoffnung mehr zu haben. Nämlich die Erfahrung, weder leben noch sterben zu können, zu jenen zu gehören, die auf den Tod warten, der nicht kommt (vgl. Hiob 3, 21). Schwindelerregende Leere desjenigen oder derjenigen, der/die nicht einmal mehr «ich» sagen kann und sich unter die zahllosen anonymen «Elenden» einreiht. Der Philosoph Søren Kierkegaard hatte die Einsicht und die Ehrlichkeit, diese Qual in seiner Abhandlung über die Verzweiflung als Lebensgefühl, *Die Krankheit zum Tode*, zu thematisieren.

Die anderen existieren

Solange es Menschen gibt, kann die Präsenz der anderen im konkreten Wortsinn stellvertretend für die Hoffnung sein. Denn trotz der Unbeholfenheit ihrer Worte und ihrer Gesten sind sie Orientierungsmarken auf schwankendem Grund. Schon durch ihre körperliche Präsenz sprechen sie zu uns von unserer eigenen Menschlichkeit. Während wir der Existenz in ihrer Zeitlichkeit entwurzelt sind und uns gespenstisch fühlen, widerspiegeln sie uns, ohne es zu wissen, dass wir lebendig sind. Selbst wenn sie in ihrem Schweigen gefangen sind, kommt ihnen das Verdienst zu, an unserer Seite zu sein. So geht es den drei Freunden Hiobs, die sieben Tage und sieben Nächte bei ihm auf der Erde sitzen und anfänglich einsichtig genug sind zu schweigen, denn «sie sahen, dass der Schmerz sehr gross war» (Hiob 2, 13). Sieben – das ist die biblische Zahl der Fülle und der Unendlichkeit. Innerhalb dieser Frist soll Hiob auf den Grund seiner bodenlosen Verzweiflung gelangen und dort die Sprache wiederfinden. Ist nicht schon die dichte Körperlichkeit der Freunde an seiner Seite der behutsamste und zugleich stärkste Aufruf zu überleben? Signalisieren ihre Körper nicht ihren Wunsch, er möge weiterhin unter ihnen weilen? Sind sie nicht die Kanäle eines Lebens, das hartnäckig bis in die Festung des Nichts eindringt? Oder, etwas anders gesagt, solange ihm das Leben von aussen zufliesst, gibt es für den Schmetterling, den das Glas «ringsum eingeschlossen hat», noch Hoffnung. Ich denke hier an die berührende Begebenheit, von der Jean-Yves Leloup in seinem Buch *L'absurde et la grâce* spricht. Ihm wurde auf dem langen Weg auf der Suche nach dem Sein sein einziger und letzter Besitz gestohlen: das Tagebuch mit den Aufzeichnungen seiner Gedanken und seiner Suche. Verzweifelt sitzt er am Strassenrand und bemerkt, wie sich ihm ein Kellner mit einer Tasse heisser Schokolade und zwei Croissants nähert, bestellt von einer bereits wieder verschwundenen, anonymen Passantin. Im Mitmenschen aus Fleisch und Blut ist der Andere bis dorthin gelangt, wo der Autor genau in jenem Augenblick den «Grund erreicht» hat, um wieder hochzukommen.

Und wenn gar nichts kommt?

Vielleicht müsste ich eher fragen: Und wenn wir nichts mehr von dem wahrnehmen, was uns von den anderen an Leben zukommt, und mehr noch, nichts mehr von dem wahrnehmen, was uns vom Anderen in seiner Lebensfülle zukommt? Dann ertönt der Aufschrei: «... wie Wasser ergiesst sich mein Stöhnen» (Hiob 3, 24). An niemanden gerichtet, ist dies mein Aufschrei, der Schrei des tödlich getroffenen Tieres, und eben hierin liegt vielleicht der Grund meines Überlebens. An die anderen und an den Anderen gerichtet, ist er Ausdruck meiner wiedergefundenen Sprache: schreien, dass das kein Leben ist; sagen, dass ich sterben will; Gott ganz offen anklagen; meine Gegengewalt und mein Begehren benennen, zu zerstören, ohne mich zu zensurieren, mich zensurieren zu lassen, selbst wenn mir niemand die Gewissheit gegeben hat, dass Worte nicht töten und Gefühle noch weniger. Genau das erlaubt sich Hiob und genau diese Haltung bejaht und segnet Gott, wenn er bekräftigt, sein Knecht Hiob habe recht von ihm geredet (vgl. Hiob 42, 7 und 9).

Der Aufschrei aus dem Innersten lässt an einen Überlebensreflex denken. Drückt er nicht etwas von jener Verstümmelung aus, die wir fühlen, wenn das Unglück über uns hereinbricht und jede Hoffnung schwindet? Wenn Jesus sagt: «Wenn aber deine Hand oder dein Fuss dich zu Fall bringt, hau sie ab und wirf sie von dir.» (Mt 18, 8), dann lässt sich diese symbolische Verstümmelung als Einwilligung dazu verstehen, zu dem an uns Geschehenen auf Distanz zu gehen, selbst wenn diese Distanznahme so schmerzhaft ist wie eine Amputation. Es geht darum, dass wir uns nicht völlig mit dem uns Widerfahrenen identifizieren: Wir sind mehr und anders als dieses zu Boden gefallene Wesen. Wir lösen uns aus dieser Erstarrung in dem Moment, da wir uns unsere Identität als Verzweifelte amputieren lassen, selbst wenn sie uns ebenso wesentlich erscheint wie unsere Hand oder unser Fuss: «wirf sie von dir».

Finden wir hier nicht etwas von jener wohltätigen Gewalt im Aufschrei Jesu am Kreuz, an «Gott» gerichtet und nicht an den Vater allen Erbarmens, mit dem er sein ganzes Leben lang vertraut gewesen war? «Warum hast du mich verlassen!» Weist Jesus mit diesem verzweifelten Aufschrei nicht die Verlassenheit von sich, die in ihm jede Hoffnung auf das Leben tötet, als wolle er in seinem Innersten nicht jenen Abscheu bewahren, der ihn vom Lebendigen abtrennt? Erwähnung findet der Schrei nur bei Markus und Matthäus; Jesus stirbt in der Finsternis der Erde, von allen verlassen. Nicht so bei Lukas und Johannes. Aber meiner Auffassung nach sind die vier Berichte, die sich auf verschiedene Momente innerhalb der Passionsgeschichte beziehen, letztlich komplementär. Markus und Matthäus ersparen uns jene Zeitspanne nicht, in der Jesus den Verlust jeglicher Hoffnung durchlebt, so als wollten sie damit andeuten: Dieser Mensch ist einer von uns, und wenn wir bis in diese unsagbaren Momente mit ihm sind, können wir fühlen, dass selbst Gott, in diesem aussergewöhnlichen Mitmenschen, die bodenlose Verzweiflung von innen gekannt hat.

Wie wird uns das Leben am Leben erhalten?

Keine Hoffnung mehr zu haben, setzt voraus, dass wir einmal Hoffnung hatten, dass wir ungefähr wissen, was Hoffnung ist. Es geht in diesen Zeiten darum, uns zu bewahren, bis das Leben sich wieder zu regen beginnt und der Lebendige uns hilft, das Grab zu verlassen. Konkret sind wir mit alltäglich-existentiellen Fragen konfrontiert: Wie überstehen wir diesen neuen Tag, der uns schon beim Aufwachen unerträglich ist? Wir können uns in der Flucht der Zeit Orientierungspunkte geben: Den Tag in Stunden oder halbe Tage aufteilen und mit uns selbst übereinkommen, in regelmässigen Abständen mit einer empathischen Person Kontakt aufzunehmen; «durchhalten» bis zu einer bestimmten Stunde, dann jemanden kontaktieren und wieder bis zu einer bestimmten Stunde durchhalten. Diese Orientierungspunkte, festgelegt mit einem verständigen Mitmenschen, ermöglichen die Humanisierung jenes Zeitraums, der sich der Lebenszeit dieses Menschen entzogen hatte.

Und was, wenn die Hoffnungslosigkeit weniger heftig ist, sich aber über Monate oder Jahre hinzieht? Dann geht es um unseren Wunsch, wirklich der Welt der Menschen anzugehören: Glauben wir (noch), dass ein einziges zwischen Menschen gewechseltes Wort aus uns lebendige Menschen macht? Wollen wir eines Tages gewahr werden, dass unser Gefangensein in der Hoffnungsleere mit unserem zwanghaften Bedürfnis zusammenhängt, selbst alle Fragen zu stellen und alle Antworten zu geben? Wollen wir uns bewusst werden, dass Gottes Dasein nicht von uns bzw. unserer Bereitschaft und Möglichkeit zum Gespräch abhängt? Streben wir danach, im Feld der mit den anderen ausgetauschten Worte – in diesem Feld und nirgends sonst – die kostbaren Perlen des lebendigen Wortes zu finden?

Wenn das der Fall ist, wenn sich diese Öffnung dank unserer authentischen Ermächtigung zum Wort anbahnt, dann können wir allmählich jenes Etwas und jenen Jemand wahrnehmen, der «beständiger» ist als wir, der uns vorangeht und uns bisher am Leben erhalten hat. In der Bibel wendet sich Hiob unablässig an dieses Etwas und an diesen Jemand, selbst wenn niemand ihn zu hören scheint. Wenigstens hört er sich sprechen und dadurch hört er – gerade in der verrückten Hoffnung, gehört zu werden –, dass er existiert. Sich trotz allem als ein sprechendes Wesen begreifend, erhält er, ohne es zu wissen, seine Zugehörigkeit zur Welt der Menschen aufrecht. Vielleicht ist es das, was ihn vor dem Wahnsinn rettet.

Doch es kommt vor, dass wir nicht mehr sprechen, anrufen, teilen können. Die einzige Entlastung kann dann darin bestehen, dass wir uns in das fallen lassen, was als Sterben erfahren wird. Wie dies annehmen, dem zustimmen, diesem Etwas und diesem Jemand vertrauen, der grösser und beständiger ist als unsere Todesangst? Vielleicht, indem wir die menschliche Fähigkeit entdecken, uns völlig auf die kleinen Alltagsgesten zu konzentrieren und so unseren Geist von der Faszination abzulenken, welche unsere Vorstellung von einer Zukunft auslöst, die nur eine Fortsetzung der unerträglichen Gegenwart ist. In eine schonungslose Einsamkeit einwilligen heisst, das Wenige an vorhandener Lebensenergie aufrechtzuerhalten.

Es kommt aber auch vor, dass die Not eines Mitmenschen in Reichweite unserer Alltagsgesten liegt. Im «Traum eines lächerlichen Menschen» erzählt Dostojewski, wie ein zum Suizid entschlossener Mann im letzten Moment von einem hungrigen kleinen Mädchen gestört wird, das ihn um Hilfe bittet. Der Mann wird nicht Suizid begehen. Auf Golgatha, wo es weder für Jesus noch für die beiden Schächer irgendwelche Hoffnung gibt, wo Jesus seine Verlassenheit in die Welt geschrien hat, da vernimmt der eine Schächer, den Lukas den «anderen» nennt, die Not eines Mitmenschen – vielleicht, weil Jesus geschrien und sich so distanziert hat. Es ist, als wurzele ihn die Verzweiflung des anderen wieder in den Strom des Lebens ein.

Es kommt vor, dass die Hoffnung nicht von jenen kommt, die Hoffnung in Überfülle besitzen. In unserer ausweglosen Lage sind es zuweilen jene, die selbst keine mehr haben, die uns wieder Hoffnung geben. Sie füllen uns mit ihrem Mangel. Denn sie wecken in uns (erneut) die Fähigkeit, jenes Wenige an Leben in uns, das sich als grösser erweist als wir dachten, zu teilen. Diese anderen erwecken in uns die Fähigkeit, mit der uns der Lebendige betraut hat. Für Emmanuel Lévinas ist es die Not des anderen, die ich auf seinem Gesicht lese und an seinem Körper wahrnehme, die mich bittet und in mir meine Verantwortung weckt, im etymologischen Sinn von «Fähigkeit zu antworten».

Dieser andere bringt mich wieder in Berührung mit dem Leben, indem er mich für etwas und jemanden existieren lässt. Mir scheint, dass alles von unserer Wahrnehmung der Not, des Beziehungshungers des anderen, also von unserer Wahrnehmung *seiner* Existenz abhängt. Nicht dass seine Lage schlimmer wäre als unsere eigene: Keinesfalls vermögen wir je den Grad des Leidens und der Verzweiflung eines Mitmenschen abzuschätzen. Aber wenn wir das Privileg haben, davon berührt zu werden, dann öffnet sich in dieser Festung des Nichts, die unsere ausweglose Verzweiflung war, eine Bresche.

Brigitte Heitger

DER LEBENSSINN ALS SUIZIDPROPHYLAXE?

Viktor Frankl, der Begründer der Existenzanalyse und Logotherapie, hat sich mit dem Thema der Suizidalität lange beschäftigt. Er gründete in den 20er Jahren Jugendberatungsstellen, in denen es vor allem um die Betreuung von «lebensmüden» jungen Menschen (nach Zeugnisverteilung) ging, später leitete er in der Klinik «Am Steinhof» in Wien den so genannten «Selbstmörderinnen Pavillon». Die Erfahrungen, die er dort sammeln konnte, waren – neben seiner eigenen Lebensgeschichte – mitentscheidend für sein Gedankengut und die Entwicklung seiner Sinnlehre.

Aufgrund phänomenologischer Betrachtungen und statistischer Untersuchungen vertrat er die Meinung, dass zwar nicht jeder Suizid aus einem Sinnlosigkeitsgefühl heraus unternommen wird, dass er aber oft unterblieben wäre, wenn die betreffende Person um so etwas wie einen Sinn in ihrem Leben gewusst hätte. So ist es folgerichtig, einen suizidalen Menschen nicht ausschliesslich danach zu fragen, was ihm das Leben so unerträglich macht, sondern auch nach Gründen, derenthalben er sich nicht umbringen möchte. Durch diese Frage kann er wieder mit dem in Berührung kommen, was sein Leben lebenswert macht, falls es das noch gibt. Andernfalls wird er bei dieser Frage schweigen.

Was ist mit Sinn gemeint

Woran denken wir eigentlich, wenn wir das Wort «Sinn» hören? Welche Assoziationen verbinden wir damit? Oft wird Sinn mit etwas Grossartigem, Erhabenem und Absolutem in Verbindung gebracht, mit etwas, das herausragenden Persönlichkeiten vorbehalten ist.
Hat Viktor Frankl das mit Sinn gemeint? Ich möchte ihn hier kurz selbst zu Wort kommen lassen, mit einem Zitat aus dem Buch *Logotherapie und Existenzanalyse*: «Unter Sinn verstehen wir in der Logotherapie im allgemeinen den konkreten Sinn, den eine konkrete Person – kraft ihres «Willens zum Sinn» – aus einer konkreten Situation herauszulesen vermag. Ein Vermögen, dank dem sie imstande ist, auf dem Hintergrund der Wirklichkeit eine Möglichkeit wahrzunehmen, ebendiese Wirklichkeit auch zu verändern, oder aber, falls dies wirklich unmöglich sein sollte, insofern sich selbst zu ändern, als wir ja auch noch an einem Leidenszustand, des-

sen Ursache sich nicht beheben und beseitigen lässt, reifen, wachsen, über uns selbst hinauswachsen können.»[1]

Es geht hier also um den Sinn einer konkreten Situation in meinem Leben, den es zu finden gibt. Es geht nicht um den Sinn des Lebens an und für sich, der uns in den Bereich des Glaubens oder der Philosophie bringt. Und Frankl sagt auch, dass das Sinnvolle eine Möglichkeit auf dem Hintergrund der Wirklichkeit ist. Wie kann ich diesen Sinn finden?

Sinn finden – Sinn realisieren

Blicken wir auf die Realität der menschlichen Existenz: Ich finde mich in einer Welt vor, in die ich gehöre und zu der ich gleichzeitig in einer Beziehung stehe. Welche Art von Beziehung besteht da? Wenn wir genau hinschauen, so finden wir, dass vieles in der Welt vorgegeben ist, was wir nicht wählen können: So sind beispielsweise mein Aussehen, meine Intelligenz, meine Eltern vorgegeben. Zudem geraten wir in Lebenssituationen, die wir nicht ausgesucht haben, nie ausgesucht hätten, sowohl beglückende wie auch bedrückende (der Verlust eines Partners, Krankheiten, Scheitern). Das heisst, dass wir vom Leben nicht fordern können, wie es zu sein hat, vieles nicht aussuchen, aber es doch gestalten können. So scheint es also, wie wenn wir von der Welt aufgefordert würden – herausgefordert werden –, uns mit ihr auseinander zu setzen und auf die vorgefundene Realität zu antworten. Somit sind wir diejenigen, die vom Leben (der Welt) angefragt und zu antworten aufgefordert werden.

Vereinfacht können wir nun sagen: Sinn realisiere ich, indem ich auf die Anfrage des Augenblicks (oder der Situation) antworte.

Betrachten wir genauer, welche Implikationen und Folgen diese Aussage hat:

Es gibt eine Anfrage an mich. Das bedingt, dass ich bereit und offen bin, diese Anfrage überhaupt zu vernehmen. Weiterhin muss ich hellhörig, mit offenen Sinnen in der Welt sein, um die Anfrage zu verstehen. (Bereitschaft und Offenheit sind somit Bedingung, damit die Anfrage überhaupt bei mir ankommen kann.)

Ich bin angefragt. Das bedeutet, dass ich wichtig bin, dass es um mich geht, dass es auf mich ankommt, was im Hier und Jetzt sein soll. Ich kann mich hier nicht vertreten lassen. Ich bin als Person angesprochen, um in

---

1 Frankl 1987, 251.

dieser Welt mitzuwirken, sie zu gestalten, zu leben, eine Aufgabe für mich zu finden.

Ich bin angefragt. Das ist eine Aufforderung, mich auf die konkrete Lebenssituation einzulassen, um die Möglichkeiten, die sie birgt, zu erkennen.

Ich bin angefragt. Das bedeutet, dass ich die Wahl habe, also nicht zu einer bestimmten Handlung gezwungen bin.

Ich bin angefragt heisst, dass ich herausgefordert bin zu antworten.

Wie werde ich antworten? Gemäss Viktor Frankl, indem ich «auf dem Hintergrund der Wirklichkeit eine Möglichkeit wahrnehme»[2].

Ich antworte entsprechend den realen Möglichkeiten, die diese konkrete Situation bietet, also situationsgemäss. Voraussetzung dafür ist, dass die Realität wahrgenommen wird, und die Möglichkeiten, welche sie birgt, erkannt werden.

Ich werde mir gemäss antworten: Es gilt dabei zu prüfen, was mir jetzt möglich ist, was ich jetzt kann. Es sind also keine überhöhten, unerfüllbaren Ansprüche und Forderungen – weder von mir noch von anderen – zu erfüllen.

Mir gemäss heisst auch, diejenige Möglichkeit auszusuchen, die für mich die richtige und wertvolle ist, diejenige, welche ich leben möchte, für die ich gelebt haben möchte.

Und antworten heisst, das zu tun, wozu ich mich in Freiheit entschieden habe.

Somit können wir über den Sinn sagen, dass er:
– einer Lebenssituation innewohnt,
– gefunden, aber nicht gemacht werden kann,
– eine reale Möglichkeit
– und auf die Person bezogen ist.

Es ist also die beste Möglichkeit des Augenblicks für eine Person, das, was das Leben lebenswert macht, in einer Extremsituation das Leben überlebenswert macht.

Friedrich Nietzsche hat diesen Gedanken prägnant in einem Satz ausgedrückt: «Wer ein Warum zum Leben hat, erträgt fast jedes Wie.»[3]

---

2 Ebd.
3 Zit. in Frankl 1985, 33.

Drei Möglichkeiten, Sinn zu realisieren

Es gibt drei Möglichkeiten, Sinn zu realisieren:

Der eine Weg dazu sind die Erlebniswerte: Gemeint sind Momente, in denen ich mich in meiner Offenheit auf etwas Wertvolles in der Welt einlasse, etwas in mich aufnehme, mich an etwas hingebe, sei es ein Naturerlebnis, ein Kunsterlebnis, eine Begegnung, und vor allem die Zeiten der Liebe. Es sind Momente, die uns Freude machen, für uns genussreich sind, an denen sich unser Herz erfreut. Hier sind wir die von der Welt Beschenkten.

Ein weiterer Weg sind die schöpferischen Werte: Hierbei wird durch unser Tun etwas geschaffen, was «die Welt reicher macht». Hier entsteht durch unser Handeln, durch unseren Einsatz, vielleicht durch unser mutiges Engagement etwas Wertvolles. Mit Wertvollem ist auch ganz Alltägliches gemeint wie ein Essen zubereiten, einen Konflikt ansprechen, einen Vortrag halten und vieles mehr.

Die dritte Möglichkeit sind die Einstellungswerte. In Situationen von unabänderlichem, unausweichlichem, schicksalhaftem Leid, in denen wir nichts mehr verändern können, haben wir nur noch die Möglichkeit, eine besondere und persönliche Einstellung dazu zu finden. Wir finden uns wieder in einem Ringen um Sinn im Erleben von Tod, Krankheit oder Schuld. Dann geht es um die Fragen: Kann ich damit umgehen? Wie will ich damit umgehen? Wofür oder für wen soll ich das tragen?

Nun, das oben Beschriebene tun wir oft ganz spontan, ohne dass es uns so bewusst wäre. Aber nicht immer gelingt es, in einer Situation den Sinn zu finden oder ihn zu realisieren. Ausdruck davon sind Gefühle der Sinnlosigkeit, verbunden mit Frustration, Aggression, allenfalls auch Suchtverhalten oder Gedanken an Suizid.

Woran kann es liegen, dass die Sinnfindung nicht gelingt? Die Antwort auf diese Frage wirft nochmals ein Licht auf das Sinnverständnis und wird es vielleicht noch weiter vertiefen.

Was braucht es also, damit eine Person das Spektrum der Wertemöglichkeiten ihrer Lebenssituation wahrnehmen kann, daraus wählen kann, sich entscheiden und den Sinn in dieser Situation realisieren kann?

Voraussetzungen zur Sinnfindung

Als Erstes ist es wichtig, dass der Mensch sein kann, da sein kann. Das heisst, dass er die Realität aushalten kann, offen sein, sehen und erfassen kann, was ist.

Für einen Menschen, der sich bedroht fühlt, ist die Realität unerträglich geworden. Sie macht ihn unruhig, er ist verunsichert, verwirrt, hoffnungslos, voller Angst. Als Folge wird er sich auf die aktuelle Situation gar nicht einlassen können und die Anfrage der Situation somit nicht vernehmen können. Jede lebensfeindliche Angst schränkt den Blick ein, so dass das Spektrum der Realität mit ihren Möglichkeiten nicht mehr gesehen werden kann. Der bedrohte Mensch wird vor allem mit dem Absichern gegen die Angst beschäftigt sein, oder er ist auf der Flucht und somit der vom Leben Gejagte. Sich in seiner Existenz bedroht zu fühlen, ist eine unerträgliche Situation, die einen Menschen in den Suizid führen kann.

Der Mensch kann sich von vielem, vielleicht von allem bedroht fühlen. Ein Gefühl der Ausweglosigkeit, der Unfähigkeit mit der Welt zurechtzukommen, kann ihn erfüllen, ausgelöst beispielsweise durch eine schwere Krankheit, einen schmerzlichen Verlust oder unerträgliche Schmerzen.

Was kann einem Menschen in dieser schwierigen Situation noch helfen oder was braucht er, um wieder sein zu können? Er braucht Anwesenheit, jemanden der da ist, ihn hält, mit ihm innehält und das, was ist, mit ihm aushält, der sagt: So ist es. Er braucht jemanden, der ihn schützt (auch Medikamente oder eine Klinik können Schutz sein) und ihm damit den Raum gibt, den er braucht, um zur Ruhe zu kommen und sein zu können. Mit diesem Halt und Schutz wird es ihm vielleicht gelingen, anzuschauen und zu klären, was er als so bedrohlich erlebt, und warum es für ihn lebensbedrohlich ist. Das würde heissen, hinschauen können und wahrnehmen können, was ist, die Realität aushalten können, wie sie ist. Dies macht wieder offen für die Welt und gibt neue Gelegenheit – hoffentlich –, Möglichkeiten zu entdecken, die für ihn in dieser Welt noch bestehen – trotz dieser Umstände.

Was braucht es noch, um den Sinn finden zu können? Der Mensch muss wahrnehmen, fühlen können, was ihm wichtig ist. Durch die Beziehung mit der Welt kommt in ihm etwas zum Klingen: Ich erlebe, wie etwas für mich ist, ob beglückend oder erdrückend, ob angenehm oder unangenehm – ich nehme also die Qualität der Welt wahr. Dies ist eine wichtige Basis, denn das, wofür ich mich entscheiden werde in der Sinnfindung, soll ja etwas sein, das für mich wichtig, wertvoll, gut ist, zu dem ich Ja sagen kann. Dafür ist die emotionale Verbindung mit der Welt eine Grundlage. Wir können auch vermeintlich Wertvollem nachstreben, das heisst «Scheinwerte», die beispielsweise familiär oder gesellschaftlich geachtet, aber nicht aus dem persönlichen Dialog entstanden sind. In der Folge davon können Stress, Erschöpfungszustände sowie das Gefühl von Leere auftreten.

Häufig ist nach schweren Verlusterlebnissen dieses Erfühlen der Welt getrübt, in der Depression kann es ganz blockiert sein. Der Betroffene kann dann zwar die Möglichkeiten in der Welt noch sehen, aber er kann sie nicht mehr fühlen, er kann daran nicht mehr teilhaben. In den Worten einer Patientin: «Ich mag nicht mehr, nichts freut mich mehr, ich bin abgestumpft. So macht das Leben für mich keinen Sinn mehr.»

Die Zuwendung zu dem, was vielleicht doch noch gut tut, oder auch nur die Möglichkeit des Guttuns birgt, kann der Seele eine Entlastung bieten. Sie wird viel Zeit und Geduld brauchen, um wieder in eine Schwingung zu kommen. Eine wärmende, bergende Umgebung ohne Ansprüche und Forderungen – womit auch Beziehungen gemeint sind – werden der Seele zusätzlich helfen, um aus der Erstarrung herausfinden zu können.

Wo Sinnfindung nicht gelingt

Woran kann es noch liegen, dass das Sinnvolle nicht realisiert werden kann?

Ich habe gesagt, dass die Antwort, die gegeben wird, ich-gemäss sein soll. Das heisst, aus der Begegnung mit der Welt trete ich in eine Abgrenzung zu ihr, damit ich zu den Möglichkeiten persönlich Stellung nehmen kann. Hier geht es um ein Ich, das spürt was nun möglich ist, das abwägt, was auf welche Weise wichtig ist, das abgrenzt zwischen dem Fremden und dem Eigenen und schlussendlich entscheidet, was nun sein soll.

Ein Mensch, der bereits in seiner Kindheit zutiefst verunsichert und verletzt worden ist in seiner persönlichen Eigenart, der wird grosse Schwierigkeiten haben, seine persönliche Antwort zu erkennen und zu ihr zu stehen. Denn das Persönliche braucht Begegnung, Beachtung, Anerkennung und Wertschätzung, um sich gut und klar herauszubilden. Durch diese menschenwürdige Begegnung – sowohl anderer mit mir wie auch meiner mit mir – entsteht eine Kenntnis meiner selbst, eine Ich-Identität, die mir Referenzpunkt sein wird im Umgang mit der Welt.

Insbesondere bei Menschen mit einer Persönlichkeitsstörung entstehen viele Verhaltensweisen gerade aus dieser Verletzung der Person heraus. Gekränktheit oder Selbstverachtung können Folge dieser Verletzungen sein und eine psychische Dynamik auslösen, die eine Abgrenzung und eigene Entscheidung erschweren oder gar verunmöglichen. Menschen, die sich selber verachten oder zutiefst gekränkt sind, leben fast immer – mehr oder weniger bewusst – in einer grossen Einsamkeit und können sich und andere Menschen gefährden.

Diese drei Störungsbereiche, also
- das Erleben des Bedrohtseins,
- die Gefühlsblockade
- und die fehlende Ich-Abgrenzung,

können Grund dafür sein, warum das Finden von Sinn erschwert oder verunmöglicht ist. Sie sind zugleich auch Ansatzpunkte für die «Instandstellung» des Menschen, dazu, wieder fähig zu werden, das zu finden, was für ihn in diesem Augenblick die beste Möglichkeit ist – also das Sinnvolle. Ein weiterer Schritt ist es, das auch umzusetzen, wozu er sich in Freiheit entschieden hat – denn dadurch realisiert er Sinn in seinem Leben.

Für diese «Instandstellung» gibt es begünstigende und erschwerende Faktoren, die ich nur kurz erwähnen möchte.

Da ist das Umfeld zu nennen:
- ob jemand beispielsweise in ein tragendes Beziehungsnetz eingebettet ist,
- ob er eine Arbeitsstelle hat,
- wo er Wertschätzung und Anerkennung erlebt,
- ob er finanziell gesichert ist und vieles mehr.

Zudem spielen persönliche Eigenschaften eine Rolle: welche Ressourcen – wie beispielsweise Offenheit, Interesse (Neugier), Mut, Beziehungsfähigkeit, um nur einige zu nennen – mitgebracht werden.

Auch gewisse psychiatrische Erkrankungen (Schizophrenie, depressive Erkrankungen, Persönlichkeitsstörungen) können den Weg erschweren.

Grundsätzlich sei es aber in jeder Situation möglich Sinn zu finden, hat Viktor Frankl betont und hat dies – insbesondere während seiner Zeit im Konzentrationslager – auch gelebt.

Sich auf den Weg zu machen und nach dem Sinn zu suchen, das ist wesentlich, und ich kann aus meiner Erfahrung Klaus Dörner bestätigen, wenn er sagt: «Wenn der Mensch wieder wählen kann, so wählt er das Leben.»[4] oder anders ausgedrückt: Wenn wir das, wofür es sich zu leben lohnt, auch leben können, dann ist die Suizidalität weit weg.

Von diesem Sinn geht eine Lebenskraft aus. Ob der Weg zu diesem Sinn gelingt, ob jemand in der Lage ist, ihn zu finden und ihn zu realisieren, das ist offen, aber es lohnt sich, diesen Weg zu wagen, denn er führt zu einer – was ich hoffentlich deutlich machen konnte – existentiellen Verbundenheit mit dem Leben und zu einem Lebenswillen.

---

4 Dörner 10.

Bibliografie

Dörner K.: »Suizid – Schnittpunkt des Rechts zu leben und des Rechts zu sterben.»
In: E. Frick und Th. Giernalczyk (Hrsg.): Suizidalität. Deutungsmuster und Praxis-
ansätze. Regensburg: Roderer, 1993.

Frankl, V. E.: Logotherapie und Existenzanalyse. München: Piper, 1987.

——.: Die Sinnfrage in der Psychotherapie. München: Piper, 1985.

Längle, A.: Sinnvoll leben. Angewandte Existenzanalyse. St. Pölten-Wien: Nieder-
österreichisches Pressehaus, 1994.

——.: Wenn der Sinn zur Frage wird.... Picus, Wiener Vorlesungen im Rathaus, Band
93, 2000.

Michel, K.: «Der Arzt und der suizidale Patient.» In: Schweiz Med Forum 2002; 29/
30: 704–707.

Stefan Vanistendael

Sinnsuche als Resilienz-Faktor

Was geschieht mit den vielen Menschen – möglicherweise der Mehrheit aller Menschen –, die trotz Suizidgedanken nie einen Suizidversuch unternehmen? Werden sie alle von Psychologen und Ärzten begleitet? Gehörten sie alle zu den Empfängern vorbeugender Massnahmen? Oder gerade nicht? Das sind typische Fragen, die vom Resilienz-Denken inspiriert sind. Resilienz bedeutet die Fähigkeit eines Menschen, schwere Probleme zu überwinden, sich in schwierigen Umständen zu behaupten und sich dabei weiterzuentwickeln. Im Ansatz der Resilienz kommt zur Frage: «Wo kommen die Probleme her?» die Frage in umgekehrter Perspektive dazu: «Wieso sind relativ viele Menschen nicht von den Problemen betroffen, die wir eigentlich bei ihnen erwarten könnten?»

Die Resilienz ist damit mit dem Anliegen und der Strategie der ressourcenorientierten Arbeit wie auch der Salutogenese[1] verwandt, in dem sie immer wieder die Frage aufwirft, was Menschen sogar in sehr schwierigen Umständen *gesund* hält – körperlich, psychisch und sozial.

Dabei begegnen wir der Resilienz bei Menschen öfter als wir zunächst annehmen. Doch gerade von Professionellen wird sie nicht immer wahrgenommen, weil die Menschen, die sich in schwierigen Situationen behaupten können, und denen es deshalb relativ gut geht, eben oft weder beim Arzt noch beim Psychotherapeuten oder im Sozialamt Hilfe suchen und sich demzufolge öfter dem Blickfeld dieser Berufe entziehen.

Strategisch «sucht» die Resilienz beim Lebensaufbau immer mindestens einen positiven Ansatzpunkt, der winzig klein und scheinbar unwichtig sein kann, und der oft nur für diese einzelne Person Bedeutung hat. Praktisch wichtig ist nicht die Generalisierbarkeit dieses besonderen Ansatzpunktes, sondern dass dieser Ansatz innerhalb bestimmter ethischer Grenzen zum Lebensaufbau eines Menschen beitragen kann, vielleicht nur dieses einen Menschen. So fand beispielsweise ein Mann, der aus Gesundheitsgründen aus einer Fabrik entlassen worden war und, trotz Unterstützung durch seine Ehefrau, in der Folge immer depressiver wurde, in dem Moment wieder Lust zum Leben, als er begann, farbige «Kafirahmdeckeli» zu sammeln.

---

1 Vgl. dazu Anmerkung 2, Seite 13.

Viele Faktoren tragen zur Resilienz bei. Wir können diese im Falle des Suizids bzw. der Suizidprävention auf das Thema der Sinnfindung beziehen. Ohne Sinn selbst zu definieren, möchten wir dem nachgehen, was uns – bewusst oder unbewusst – das Gefühl gibt, dass unser Leben Sinn hat. Dazu eine Hypothese: In vielen Fällen ist es eine positive Beziehung zwischen unserem kleinen Leben mit seinem Auf und Ab und dem grösseren Strom des Lebens um uns herum, die uns dieses Sinn-Gefühl gibt. Kurz zusammengefasst heisst das: Meine positive Beziehung zum Leben ist sinnstiftend. Ein Beispiel ist der oben erwähnte Mann mit seiner Sammlung von «Kafirahmdeckeli»: In seinem Fall half ihm diese Sammlung, seine Beziehung zum «grösseren» Leben um ihn herum wiederherzustellen, und war für ihn deshalb auch sinnstiftend. Aber eben: Dieser Fall ist nicht generalisierbar.

Das heisst also, dass mir das Leben manchmal sinnvoll erscheinen kann, obwohl es mir selbst eigentlich schlecht geht, wenn ich durch diese positive Beziehung mit dem «grösseren» Leben in Kontakt bleibe und es somit erfahren kann. Das könnte Folgen für die Praxis haben, die man im einzelnen Fall überprüfen sollte. Ein Extrembeispiel dazu wäre die Person, die in einem schweren Erdbeben Familie und Wohnung verloren hat, die in einer Verwüstung lebt, soweit das Auge reicht, aber die Sinn findet in ihrem Rettungseinsatz für andere Erdbebenopfer.

Wir möchten nicht behaupten, dass diese «praktische» Sinn-Hypothese in jedem einzelnen Leben stimme. Aber wir hoffen, dass sie in vielen Leben stimmt.

Wenn sie zutrifft, so gibt es viele Möglichkeiten der Sinnfindung. Das heisst, wir können diese Möglichkeiten ausloten, müssen uns aber zugleich bewusst sein, dass wir nicht wissen und auch nicht darüber verfügen können, wo und wann das Sinn-Gefühl tatsächlich realisiert wird. Sinn, bzw. unser Gefühl für Sinn, ist nicht restlos manipulierbar.

Sinnverlust kann nach dem Gesagten zweierlei Ursachen haben:
- objektiv: Es besteht keine positive Beziehung zum Leben mehr;
- subjektiv: Die positive Beziehung zum Leben wird nicht mehr wahrgenommen.

Solche Möglichkeiten der Beziehung zum «weiteren» Leben können wir zeichnen wie die Strahlen eines Sterns, eines Sterns der Sinnfindung. Jeder Strahl zeigt eine Möglichkeit, den Stern mit der weiterem Umwelt zu verbinden, wie unser Leben mit dem Leben um uns herum verknüpft werden soll. Im Folgenden werden einige wichtige «Strahlen» aufgeführt, die sehr verschieden im Leben «aktiv» sein können:

- unsere Familie, unsere Freunde, besonders wenn wir uns bei ihnen akzeptiert und geborgen fühlen;
- unsere Interessen, Projekte, unsere Arbeit, unsere Verantwortung;
- ein wenig Freude schenken und empfangen;
- Humor;
- etwas Kontrolle darüber, was im Leben vorgeht;
- richtig zuhören und einen Zuhörer haben.

Diese «Sternenstrahlen» können sehr viele verschiedene konkrete Formen annehmen, wie z.B.:
- Riten, die uns in einer schwierigen Lebensphase oder in einer Stunde grosser Verletzbarkeit (z.b. beim Einschlafen!) Geborgenheit geben sollten;
- ein Tagebuch;
- Geschichten lesen oder selber schreiben – vielleicht sogar die eigene Geschichte;
- Schönheit, mit anderen geteilt, oder solche, die uns sogar ganz persönlich wieder mit dem Leben versöhnt…

Der konstruktive Humor – und nur diese Art des Humors – spielt dabei eine besondere Rolle. Solcher Humor ist nicht imaginär, sondern führt uns tiefer in die Wirklichkeit hinein. Wenn wir (zu) viele Probleme haben zeigt er uns, wie ein Blitz der Lebensintelligenz – oder sollten wir einfach Weisheit sagen? – einen positiven, aber nicht entdeckten oder vergessenen Punkt in der Realität auf, der uns im Leben ein bisschen weiter hilft. Wie ein alter Mann einmal lächelnd meinte: «Ich habe ein unlösbares Problem. Es ist riesengross in meinem kleinen Leben, aber im grösseren Leben ist mein Problem klein.»

Indem wir uns wieder auf einem positiven Punkt stützen können, schaffen wir Distanz zum Problem. Wir schaffen damit Raum fürs Leben, wir entspannen uns und können manchmal sogar lachen.

Weil der Humor diesen positiven Punkt in der Wirklichkeit aufzeigt, können wir auch wieder eine positive Beziehung zum Leben herstellen, eben dort, wo wir vorher nur Probleme gesehen haben. Eine solche positive Beziehung ist, wie wir oben aufgezeigt haben, in vielen Fällen sinnstiftend, auch wenn wir das nicht immer bewusst so erfahren.

Humor kann dazu beitragen, das Leben unter schwierigen Umständen erträglicher zu machen. So sollte es uns gelingen, ein Klima zu schaffen, das Humor zulässt oder sogar stimuliert, mit Witzen und Spielen usw. – vorausgesetzt, (1) es ist ein Klima des Vertrauens da, ohne welches sich Humor in Aggression verwandeln kann, und (2) dass ethische Grenzen akzeptiert sind, weil man sich nicht über alles und alle ohne weiteres lustig machen sollte. Nur so bleibt der feine Humor nicht manipulierbar, und er ist ausserdem ein Zeichen, dass ein Minimum an psychischer Gesundheit schon da ist.

In einem Überlebenskurs für Extremumstände könnte es heissen: Ich lache, auch wenn mir die Lust zum Lachen vergeht.

Bibliografie

Cyrulnik, B.: Un merveilleux malheur. Paris: Odile Jacob, 2000.

Lecomte, J.: Guérir de son enfance. Paris: Odile Jacob, 2004.

Lecomte, J. / Vanistendael, S.: Le bonheur est toujours possible. Construire la résilience. Paris: Bayard, 2000.

Manciaux, M.: La résilience. Résister et se construire. Cahiers Médico-Sociaux, Genève: Editions Médecine et Hygiène, 2001.

Vanistendael S.: La résilience ou le réalisme de l'espérance. Blessé mais pas vaincu. Genève: Bice, 1998.

——.: Résilience et spiritualité. Le réalisme de la foi. Genève: Bice, 2002.

Thomas Hänel

SUIZID UND RELIGIÖSER GLAUBE – EIN WIDERSPRUCH?

Die Zahl derjenigen Menschen, die weltweit pro Jahr Suizid begehen, wird auf etwa eine Million geschätzt. Etwa 20 Millionen Menschen versuchen jährlich, sich das Leben zu nehmen. Rechnet man die unmittelbar Betroffenen (Angehörigen) hinzu, so kommt man auf eine geschätzte Zahl von gegen 100 Millionen Suizidbetroffenen.[1] Unter den Suizidopfern befinden sich viele religiöse Menschen. Warum haben sie sich trotz ihrer religiösen Überzeugung umgebracht? Hat die Religion «versagt»? Die Frage, ob die Religion oder eine religiöse Überzeugung suizidprotektive Wirkung haben kann, ist nicht einfach zu beantworten. Sowohl für ein Ja wie für ein Nein existieren Argumente. Bei einem religiös nicht verwurzelten Menschen treten vielleicht weniger Schuldgefühle auf und die Angst vor Verdammnis entfällt. Hingegen gilt für den Gläubigen das Argument, dass mit der Hilfe Gottes, dem Glauben an einen persönlichen Gott, das Leben erträglicher und somit lebenswerter wird. Manche religiös verwurzelte Menschen können in einer depressiven Phase von der Durchführung eines Suizides absehen, andere wiederum empfinden die Unterhöhlung ihres Glaubenslebens, die Gottferne als so unerträglich, dass eine Suizidhandlung erst recht begünstigt wird. Leider kann eine Religion, die an sich geeignet wäre einen Suizid zu verhindern, gerade in dem Moment versagen, in dem sie am meisten benötigt würde. Das hängt damit zusammen, dass durch die Einengung der Persönlichkeit auch die Wertewelt, die religiöse Einstellung, betroffen sein kann.[2]

Auch wenn die Menschen in westlichen Ländern weniger kirchentreu als früher sind, so bedeutet dies nicht, dass sie weniger religiös sind. Eine Studie, die zu Beginn der Neunzigerjahre durchgeführt worden ist, ergab, dass 93 % der US-Amerikaner und 71 % der Westeuropäer «an Gott glauben». 48 % der Westeuropäer gaben an, dass sie auch ausserhalb von Gottesdiensten zu Gott beten, und 47 % bestätigten, dass sie «aus dem Glauben persönlich Trost und Kraft schöpfen».[3] Diese Zahlen zeigen, dass die Religion keineswegs nur wenige Menschen angeht, sondern dass ein Grossteil der Bevölkerung sich als gottgläubig oder religiös bezeichnet, was immer das praktisch bedeuten mag. Da unsere westliche Welt vom

1 Goldney 2000.
2 Hänel 2001, 125f.
3 Grom 1992, 11.

Christentum geprägt ist und da diese Religion auch meinem Erfahrungshorizont entspricht, beschränke ich mich im Folgenden auf diese Religion.

Da Depressive die grösste Risikogruppe für Suizidhandlungen sind, sei kurz ein Wort zu ihnen gesagt: Religiöse Menschen, die an einer Depression erkranken, fühlen oft ihren Glauben wanken und sie fühlen sich verunsichert. Die Hoffnung, ein tragendes Element des Glaubens, geht verloren. Während körperlich Kranke in ihrem Leiden durchaus Hoffnung empfinden und glauben können, dass sie wieder gesund werden, ist dies depressiven Menschen unter Umständen nicht mehr möglich. Auch ihre religiösen Gewohnheiten und Aktivitäten verändern sich. Das Betverhalten z. B. ist bei Depressiven anders als vor der Depression: In einer Untersuchung von Hole[4] an 109 depressiven Patienten antworteten 38 %, dass sie kein Bedürfnis mehr hätten zu beten, bzw. nicht mehr beten könnten, und 28 % sagten, dass sie seit ihrer Erkrankung mehr beteten als früher. Über die «Qualität» der Gebete lässt sich kaum Gesichertes aussagen, nur, dass bei schweren Depressionen die Erstarrung des Gefühlslebens auch die Fähigkeit, religiöse Gefühle zu erleben (Zustand der Vereisung[5]), zu beeinträchtigen scheint.

Aus Abschiedsbriefen wird z. B. ersichtlich, dass die Religion, der Glaube, oft in den Suizid einbezogen wird, und es zeigt sich, dass eine Suizidhandlung kein Widerspruch zur religiösen Überzeugung darstellt. Wendungen wie «auf Wiedersehen im Himmel» oder «Gott möge mir verzeihen» oder «Gott gebe euch ein erfülltes Leben» sind bei religiösen Suizidenten keine Seltenheit. Ein junger Mann schreibt an seine Eltern kurz vor seinem Suizid: «Meine Lieben! Ich habe vor Gott beschlossen, meinem Leben ein Ende zu setzen. Trauert nicht um mich. Vertraut auf Gott Jesus, denn er ist es, der Euch aufmuntert und der alles gibt.»[6]

Ohne Aggressionspotential ist keine Suizidhandlung denkbar. Manche Gläubige sind der Ansicht, ein Christ dürfe nicht aggressiv sein, dürfe also keine Aggressionen haben. Diese Ansicht ist falsch, denn der Begriff der Aggression ist in seiner ursprünglichen Bedeutung moralisch nicht negativ qualifiziert, sondern bedeutet einfach zupackendes Interesse. Damit wird auch klar, dass der Begriff für die positive und die negative Seiten steht. Die Frage lautet also nicht: Darf ein Gläubiger Aggressionen verspüren, sondern die Frage müsste lauten: Wie geht ein religiöser Mensch mit seinen Aggressionen um? Und: Wie können Aggressionen im Zusammenhang mit Suizidimpulsen und Suizidwünschen sinnvoll kanalisiert

---

4 Hole 1997, 117.
5 Grom 1992, 281.
6 Aebischer-Crettol 2000, 144; 151.

oder abgebaut werden? Die wichtigste Voraussetzung ist das Eingeständnis der eigenen aggressiven Impulse. Jemand muss sich z. B. bewusst werden, dass er bisher zu viel «eingesteckt» hat und dass er jetzt etwas grundsätzlich verändern muss in seinem Leben, um seiner aggressiven Impulse Herr zu werden und um sie anders kanalisieren zu können. Es geht hier darum, wie aggressive Impulse umgesetzt werden können, ohne dass es zu Fremd- oder Selbstaggressionen kommt. Mit Ratschlägen wie, sich körperlich in Form von Joggen, Langlauf, Velofahren usw. zu betätigen, ist es aber nicht getan. Wichtig ist zunächst das Eingeständnis, Probleme mit seinen Aggressionen zu haben. Diese können sich in Form von Suizidgedanken und -impulsen äussern, aber auch darin zeigen, dass der Betreffende für ihn wichtige Probleme «schluckt», nicht verarbeitet oder dass er sich und andern Schaden zufügt, dass jemand besonders aufbrausend ist, seine aggressiven Impulse nicht beherrschen kann und ziellos auslebt.

Der Unterschied zwischen religiös und nicht religiös Engagierten ist u.a. der, dass der Gläubige seine aggressiven Impulse mit Gott im Gebet bespricht, d. h. dass er Gott in seine Problematik mit einbezieht. Dies kann zwar für den Betreffenden eine grosse Hilfe sein, doch kommt auch er unter Umständen nicht um die Einsicht herum, dass er professionelle Unterstützung benötigt.

Als Beispiel könnte Hiob angeführt werden, der ein Beispiel für eine positive, aggressive und «therapeutische» Auseinandersetzung mit Gott darstellt. Hiob verflucht den Tag seiner Geburt und glaubt, es wäre besser, nie geboren worden zu sein: «Getilgt sei der Tag, da ich geboren wurde, / und die Nacht, die sprach: Ein Knabe ist empfangen worden.» (Hiob 3, 3) Trotzdem ist der Suizid für ihn kein Thema, obschon er dazu von seiner Frau aufgefordert wird: «Sage Gott ab und stirb!» Durch eine Reihe von schwersten Verlusten wird Hiob in seiner Identität erschüttert und in Frage gestellt. Seine drei Freunde, die ihn besucht haben, haben vom psychologischen Standpunkt aus versagt, denn sie haben Hiob nur Vorwürfe gemacht und ihn zum Eingeständnis zu überreden versucht, dass er Schuld auf sich geladen habe. Dass Hiob auch im tiefsten Leid unerbittlich kritische Fragen stellt, bewahrt ihn aber wohl davor, in völlige Resignation und Hoffnungslosigkeit zu fallen.

Im Alten Testament werden sechs Suizide beschrieben: Alle sechs Personen handeln aus plausiblen und einfühlbaren Gründen, d. h. der Suizid wird aufgrund der äusseren und inneren Situation der Betroffenen verständlich. Die sechs Männer befanden sich in einem physischen oder psychischen Ausnahmezustand und waren inmitten einer turbulenten, sich rasch wandelnden Situation im Zusammenhang mit kriegerischen Auseinandersetzungen. Alle, mit Ausnahme von Sauls Waffenträger, waren prominente Persönlichkeiten, deren Position und Herrschaft ernsthaft bedroht waren. Bei allen Männern, vielleicht mit Ausnahme von Simson, wäre ohne Suizid der Tod ohnehin kurz danach eingetreten, sei es durch die Folgen von Verletzungen oder als Folge der politischen Verhältnisse: Gefangennahme und Tötung durch den Feind standen unmittelbar bevor. Ein negativer Kommentar zu diesen Suiziden fehlt im Alten Testament. Es ist kein Wort einer Verurteilung oder gar von ewiger Verdammnis zu finden.

Systematische Untersuchungen zum Thema Religion und Suizid haben erst vor relativ kurzer Zeit begonnen. In religiös geprägten Ländern ist die Suizidrate niedriger als in weniger religiösen. Als Beispiel für erstere gelten die USA, als Beispiel für letztere Schweden. Diverse Forscher haben das Verhältnis zwischen der Stärke des Glaubens und der Einstellung gegenüber dem Suizid (suicide tolerance) untersucht[7]. Eine tolerantere Haltung gegenüber dem Suizid geht einher mit höheren Suizidraten. Es konnte festgestellt werden, dass bei religiös erzogenen Menschen, die als Erwachsene aktiv religiös sind, die Toleranz gegenüber Suizid geringer ist als bei den nicht aktiv Gläubigen. Die Studie ergab zudem, dass die Suizidraten mehr von der Religiosität und der Einstellung gegenüber dem Suizid abhängen als von der Zugehörigkeit zu einer Kirche oder zu einer religiösen Gruppierung. Der Suizid ist in denjenigen Ländern seltener, in denen er in der Bevölkerung allgemein weniger akzeptiert ist. Die gesellschaftliche Einstellung gegenüber dem Suizid scheint also eine wichtige Rolle zu spielen. Allerdings ist hier einzuwenden, dass in diesen Ländern Suizide wohl eher verheimlicht werden. Auch ist zu berücksichtigen, dass – gemäss den zuvor erwähnten Autoren – das Depressionsrisiko im «hyperorthodoxen Calvinismus» ansteigt. Dieses Risiko wird mit Schuldgefühlen erklärt, die nicht so abgebaut werden können wie z. B. durch die Beichte in der römisch-katholischen Kirche. Eine vehemente Ablehnung des Suizides kann in einer «Hyperorthodoxie» wurzeln, die ihrerseits ein Risiko für Depression und suizidales Verhalten sein kann. Ein individueller Glaube und eine negative Einstellung gegenüber dem Suizid scheinen das Suizidrisiko zu vermindern. Hovey[8] kommt zum Schluss, dass regelmässiger Kirchenbesuch und religiöses Empfinden mit Suizidgedanken (suicidal ideation) negativ korrelieren. Auch Mueller u.a.[9] berichten, dass die meisten Untersuchungen eine positive Korrelation aufzeigen zwischen religiösem Engagement (involvement) und Spiritualität einerseits

---

7 Neeleman 1997; ders. 1998.
8 Hovey 1999.
9 Mueller et al. 2001.

und Langlebigkeit, Lebensqualität sowie weniger Depressionen und Suizide andererseits. Eine eigene Untersuchung ergab ebenfalls, dass Suizide bei Mitgliedern einer Freikirche deutlich weniger häufig vorkommen als in der Allgemeinbevölkerung[10].

Wir halten fest, dass weder im Alten noch im Neuen Testament der Suizid verurteilt wird. Es wird sachlich darüber berichtet. Erst in den nachchristlichen Jahrhunderten wurde er verurteilt und als Sünde gebrandmarkt. Dieser Umstand geht auf den Kirchenvater Augustinus (354–430) zurück, der durch seine Verlautbarungen einen Gesinnungswandel bewirkte. In der katholischen Kirche erhielt sich diese Anschauung mehr oder weniger bis ins 20. Jahrhundert, und sie wirkte auch in den protestantischen Kirchen nach. Noch im Codex Iuris Canonici von 1917 werden Suizidopfern die kirchlichen Bestattungsfeierlichkeiten verweigert, wenn sie ohne Anzeichen von Reue und mit freier Überlegung gehandelt haben. Heute wird offiziell den durch eigene Hand Gestorbenen ein kirchliches Begräbnis nicht mehr verweigert. Diese Zusicherung wurde erst 1983 im Codex Iuris Canonici verankert, eine Tatsache, die in der Öffentlichkeit kaum bekannt ist.[11] Eine echte Religiosität, ein gesunder, praktischer Glaubensvollzug, scheint einen gewissen Schutz vor Suizidhandlungen zu bieten. Als absolut sicherer Schutz vor Suizid kann der Glaube aber nicht bezeichnet werden, da dieser z. B. durch das depressive Geschehen unterhöhlt und zerstört werden kann.

---

10 Hänel 2003.
11 Hänel 1989.

Bibliografie

Aebischer-Crettol, E.: Aus zwei Booten wird ein Floss. Zürich: Haffmans Sachbuch Verlag, 2000.

Goldney, R. D.: The privilege and responsibility of Suicide prevention. Crisis 21/1, 8–15, 2000.

Grom, B.: Religionspsychologie. München und Göttingen: Kösel-Vandenhoeck u. Ruprecht, 1992.

Hänel, T.: Suizidhandlungen. Berlin: Springer Verlag, 1989.

——.: Suizid und Zweierbeziehung. Göttingen: Vandenhoeck u. Ruprecht, 2001.

——.: Suizide bei Mitgliedern einer Bodenmann H. Freikirche. Suizidprophylaxe 2, 56–58, 2003.

Hole, G.: Der Glaube bei Depressiven. Stuttgart: Enke Verlag, 1977.

Hovey, J. D.: Religion and Suicidal ideation in a Sample of Latin American Immigrants. Psychological Reports 85, 171–177, 1999.

Mueller, P. S.: Religious involvement, spirituality and Plevak D.J. medicine: implications for clinical Rummans T. A. practice. Mayo Clin. Proc. 76, 1225–1235, 2001.

Neeleman, J. et al.: Tolerance of suicide, religion and suicide rates: an ecological and individual study of 19 western countries. Psychological Medicine 27, 1165–1171, 1997.

——.: «Regional suicide rates in the Netherlands: does religion still play a role?» In: International Journal of Epidemiology, Vol 27, 466–472, 1998.

Epilog: Suizid und Freiheit

Pascal Mösli, Hansjakob Schibler

SUIZID UND CHRISTLICHER GLAUBE: EIN BRIEFWECHSEL[1]

1. Brief: Suizid als äusserste Möglichkeit der Freiheit

Lieber Pascal

Es gibt verschiedene gute Gründe dafür, sich in der Schule mit dem Thema Suizid auseinander zu setzen. Dabei stehen, zumal es sich um ein lebenskundliches Problem handelt, in erster Linie die Information, das Verständnis und die Strategien des Umganges und vor allem der Vermeidung im Vordergrund. Wenn das Thema im Religions- oder Konfirmandenunterricht behandelt wird, kommt aber noch etwas Weiteres dazu. Es wird zumindest von einzelnen Schülern, wahrscheinlich von einigen Eltern und bestimmt von den meisten Lehrkräften erwartet, dass das Thema auch aus moralisch-ethischer und religiöser Sicht behandelt wird. Dem entspricht, dass Katecheten und Pfarrer möglicherweise ein grösseres Interesse an der religiösen als an der lebenspraktischen Seite haben. Viele Religionslehrkräfte fühlen sich vielleicht auch nur für die religiöse Dimension des Themas zuständig. Obwohl es im Blick auf die Jugendlichen angezeigt ist, das Thema Suizid möglichst ganzheitlich anzugehen, es also immer als psychosoziales, gesellschaftliches und religiöses Problem zu sehen, soll es hier jetzt um eine theologische Einschätzung gehen.

Eine theologische Klärung muss sinnvollerweise in dreierlei Hinsicht erfolgen. Zunächst ist das Verhältnis zwischen Gott und dem einzelnen Menschen angesprochen, zweitens das Verhältnis der Menschen untereinander, aber als Verhältnis im Angesicht Gottes, und dann geht es drittens um die Frage der Freiheit, welche für die Beziehung zwischen Gott und Mensch und zwischen Mensch und Mensch konstitutiv ist. Durch diesen dritten Aspekt, der wie ein Lebensnerv die beiden andern durchdringt, wird die Sache spannend, weil er deutlich macht, dass der Suizid mehr ist

---

1 Dieser Briefwechsel wurde erstmals in der Zeitschrift *Religion und Lebenskunde* (2/2002) abgedruckt und für diese Veröffentlichung überarbeitet.

als eine abzulehnende Verfehlung, dass er als Fall nicht einfach ein Sündenfall ist, sondern eher ein Grenzfall, der eine differenzierte Beurteilung verdient.

1. Im biblisch-christlichen Glauben ist Gott als Schöpfer der Erde auch der Schöpfer des individuellen Lebens. Der Mensch verdankt sein Leben Gott. Der Mensch ist nicht Herr über Leben und Tod, er ist nicht Herr über das Leben anderer Menschen, er ist aber auch nicht Herr über sein eigenes Leben. Der Mensch gehört sich nicht selbst, als hätte er sich selbst gemacht, er gehört Gott. Das Leben ist ein Geschenk, ein anvertrautes Gut, damit hat der Mensch sorgsam und verantwortlich umzugehen. Aus dieser Sicht und in dieser Glaubenshinsicht kann es für den Suizid keine Rechtfertigung geben, er ist Tötung, er ist, wie man früher deswegen auch gesagt hat, Mord. Das sechste Gebot: Du sollst nicht töten, oder eben nicht morden, bezieht sich auf jedes menschliche Leben, auch auf das eigene.

2. Das menschliche Miteinander, das Soziale, das Leben in Beziehungen findet für den bzw. die Glaubenden vor Gott statt. Gott ist nicht nur der Geber des Lebens im physischen Sinn, er ist auch der Geber, der Garant des psychosozialen Lebens. Gott hat die Menschen als verantwortliche, antwortfähige Gemeinschaftswesen geschaffen. Die Verdankung, resp. Verantwortung, seines Lebens gegenüber Gott aktualisiert und vollzieht der Mensch immer im sozialen Kontext der Mitmenschlichkeit. Dort erlebt er auch, dass er als Mitmensch und Partner, als Elternteil, als Freund, als Förderer, dass er sowohl als Vermittler und Auslöser wie als Empfänger von Liebe und Solidarität einmalig und unersetzlich ist. Er erlebt, dass er in der Gemeinschaft sozial und persönlich geformt wird und formt, dass die Gemeinschaft auf ihn, so wie er auf sie, angewiesen ist. Jeder Mensch trägt zur Persönlichkeits- und Gemeinschaftsstiftung der andern bei, so steht er als soziales Wesen immer in einer sozialen Verantwortung, dies gilt auch dann, wenn er abhängig und hilfsbedürftig ist.

Gott ist auch der Schöpfer des Gemeinschaftslebens. Als Zeichen seines Willens, dass dieses soziale Leben garantiert, geschützt und bewahrt werden soll, hat er die entsprechenden Gebote gegeben. Ein Mensch, der sich das Leben nimmt, verletzt diesen Willen, er nimmt nicht nur sich selbst, er nimmt den andern, er nimmt damit auch Gott etwas weg. Er verletzt die Normen der Mitmenschlichkeit und der Nächstenliebe. Also ist gerade auch aus diesem Blickwinkel, nämlich dass niemand nur sich selbst gehört, sondern immer auch seinen Angehörigen, ein Suizid keinesfalls zu rechtfertigen.

3. Es wurde schon erwähnt, dass nun aber eine theologische Beurteilung des Suizides im Blick auf Gott als den Schöpfer des Lebens, des einzelnen Menschen wie der menschlichen Gemeinschaft, nicht vollständig ist. Nicht vollständig, weil das Geschaffene damit in seiner wahren Qualität noch nicht genügend beschrieben ist. Mensch und menschliche Gemeinschaft ist nicht irgend etwas Geschaffenes, sondern ist ein mit Freiheit ausgestattetes Wesenhaftes. Es ist nun konkret vom einzelnen Menschen zu reden, der wählen, sich zuwenden und abwenden und verweigern kann. Gott schafft sich ein Gegenüber, das liebesfähig ist, Liebe empfangen und verschenken kann. Theologisch gründet die Liebesfähigkeit des Menschen in der Liebe Gottes zu seinem Geschöpf. Weil Gott den Menschen (zuerst) geliebt hat, kann der Mensch auch Gott und in diesem Zusammenhang auch andere Menschen lieben. Aber dies geschieht nicht roboterhaft, nicht maschinell und automatisch, nicht gesteuert, nicht voraussehbar, nicht planbar und organisierbar, nicht künstlich, sondern eben in Freiheit. So dass das Gegenüber die Wahl und vor allem die Möglichkeit hat, diese Liebe und Zuwendung auch zurückzuweisen. Wenn man die Liebe als Prozess, als Entwicklung ansieht, dann geht es immer darum, aus einer zunächst selbstverständlichen Bindung in die unabhängige Freiwilligkeit zu entlassen, in der selbstgewählte Zuwendungen passieren und eigenverantwortliche Verbindungen zustande kommen können. Damit die Freiheit Freiheit bleibt, damit die ganzen Ausführungen über die freie Liebeswahl nicht leeres Gerede bleiben, muss die Möglichkeit einer totalen Verweigerung, einer Rücknahme des eigenen Lebens gegeben sein. Die Freiheit wäre nicht Freiheit, wenn nicht auch der eigene Tod gewählt werden könnte. Dabei ist zu unterscheiden zwischen dem Freitod, also der eigenen Tötung, und der Tötung eines andern Menschen. Es kann niemals als ein Akt der Freiheit bezeichnet werden, was die Freiheit eines andern völlig zerstört. Beim Freitod zerstöre ich auch Freiheit, aber meine eigene, und dies muss man als letzte mögliche Äusserung von Freiheit bezeichnen.

Diese Definition von Freiheit, welche in Extremfall die Möglichkeit der Wahl des eigenen Todes einschliesst, mag theoretisch klingen, und es kann durchaus sein, dass in der Praxis viele Selbsttötungen nicht aus Freiheit, sondern aus Zwang und enormen Selbsttäuschungen heraus erfolgen. Trotzdem kann man nicht umhin, einer Selbsttötung grundsätzlich so etwas wie die letzte Würde einer negativen Liebeswahl zuzusprechen. In dem, was der Mensch vermisst, an dem, woran er verzweifelt, zeigt sich gerade auch, dass er eigentlich darüber verfügt und dass es ihm eigentlich zukommt.

Es gibt in der Bibel zwei Geschichten, welche man als nicht geglückte Suizidfälle deuten könnte. Die eine ist die Geschichte vom Rückzug Elias in die Wüste, nachdem Isebel gedroht hat, ihn umzubringen. Zunächst rettet er sein Leben durch Flucht. Doch dann, als er erschöpft von der Tagesreise unter dem Ginsterstrauch sitzt, wünscht er sich den Tod. Und es macht auch den Anschein, dass er keine Nahrung mehr aufnehmen und sich so den Tod geben will. Interessant ist, wie er diese Absicht, fast wie ein Gebet, vor Gott ausbreitet, und diesem das Leben gleichsam zurückgeben will. Fast noch bemerkenswerter ist aber, dass es von Seiten Gottes zu dieser Haltung keine Kritik, ja nicht einmal einen Kommentar gibt. Überhaupt kaum verbale, sondern vor allem physische Reaktionen: Er wird berührt, und er wird aufgefordert, zu essen und zu trinken. Gott begegnet ihm, wenn man so will in den lebensnotwendigen Naturalien. Kurz darauf schläft er wieder ein, was nochmals einer körperlichen Wohltat entspricht.

Die zweite Geschichte, die ich erwähnen möchte, ist die von Jona. Da hört man zunächst von einem missglückten Suizidversuch und später von starken suizidalen Wünschen. Dass Jona die Schiffsleute auffordert, ihn ins Meer zu werfen, das ist ja nichts anderes als die Inszenierung einer Selbsttötung. Denn ohne die Aufforderung und ohne die Nennung der Gründe, warum dies unumgänglich war, wäre Jona niemals im Wasser gelandet. Er hatte dies selbst zu verantworten. Auch für diesen Suizidversuch gibt es keine Rüge. Gott schickt den Fisch. Gott veranlasst die Rettung. Jona kehrt ins Leben zurück und muss seinen Auftrag doch erfüllen. Und dann, als deutlich wird, dass Gott seine Drohung ja doch nicht wahr macht, dass er gnädig ist und sich in seiner Wut besänftigen lässt, da hängt es Jona wieder aus. Ähnlich wie Elia will er nun Gott das Leben zurückgeben. Er äussert klar den Wunsch zu sterben. Das wiederholt sich bei der Geschichte mit dem Rizinus. Jona gewöhnt sich an das Gewächs und den Schatten, den es ihm spendet. Es ist wieder ein Stück Natur, das ihm die Lebensfreude zurückgeben soll. Aber dann, als der Rizinus eingeht und die Sonne ihn unbarmherzig quält, da möchte er wieder am liebsten sein Leben fortwerfen. Doch jetzt bedeutet ihm Gott mit allem Nachdruck, dass er ihm dieses Erlebnis zum Gleichnis machen wollte. Die Zurechtweisung erfolgt nur auf der Ebene, dass Jona nicht verstehen will, was Reue ist, dass es einem leid tun kann, wenn etwas, was man hegt und pflegt und liebt, einzugehen droht, dass man ihm dann eine Chance geben will und dass man selber hofft, dass es gut kommt. Aber es gibt keine Zurechtweisung dafür, dass Jona sein Leben beenden wollte.

Es ist also beiden Geschichten gemeinsam, dass die Vorstellung, dass man Gott sein Leben zurückgibt, zu keinen moralischen Entrüstungsausbrüchen führt. Er hat es gegeben, er kann es wieder geben, er kann es neu machen. Im Blick auf Gott kann ja jemand sein Leben eigentlich gar nicht zerstören; gegenüber dem Lebendigen, gegenüber der Kraft, die ins Leben ruft und zurückruft, ist der Tod nur relativ. Ich möchte damit nichts bagatellisieren. Ich möchte nur darauf aufmerksam machen, dass der moralische Druck, welcher in der christlichen Tradition gegenüber dem Suizidenten aufgebaut wurde, sich nicht unbedingt auf biblische Wurzeln berufen kann.

Hansjakob

2. Brief: Suizid und die Freiheit der anderen

Lieber Hansjakob
Ich möchte dir gern auf deine Überlegungen antworten. Die Frage nach der Freiheit, die du aufwirfst, wird dabei zentral sein. Da ich davon ausgehe, dass man das Thema des Suizids und die damit verbundenen existenziellen Anfragen nicht in Absehung von den eigenen Erfahrungen angehen kann, werde ich mich in meiner Antwort auf einige persönliche Erfahrungen beziehen. Ich selbst weiss, was Verzweiflung ist, wie sich diese abgrundtiefe Leere im eigenen Leben anfühlt, ich war jedoch noch nie in der Situation, dass ich den Suizid als konkrete Möglichkeit in Betracht gezogen hätte. Ich habe aber einige Menschen gekannt, die sich das Leben nehmen wollten oder es sich genommen haben, und ich kenne und begleite Menschen, die vom Suizid eines nahestehenden Menschen betroffen sind. Mit diesen Erfahrungen im Hinterkopf schreibe ich meine Antwort. Und ich schreibe sie in der Überzeugung, dass es nicht an uns ist, die Tat eines Menschen zu beurteilen, der sich das Leben genommen hat. Hertha Kräftner schrieb 1951 kurz vor ihrer Selbsttötung: «Aber ich bin überzeugt, dass es keinen geben wird, dessen Trauer um mich so gross ist, dass die Frage nach dem Motiv in seinem Herzen keinen Platz findet.» Auch in der Bibel findet sich, wie du geschrieben hast, keine einzige Verurteilung eines Suizids und in diesem Zusammenhang verstehe ich auch die Aussage aus dem ersten Johannesbrief, wonach Gott grösser ist als unser Herz und alles versteht (vgl. 1. Joh. 3, 20).
Ich möchte deshalb mit deinem Schlusssatz beginnen, mit dem du den moralischen Druck anführst, welcher in der christlichen Tradition gegenüber den Menschen aufgebaut wurde, die sich umgebracht haben. Ich bin in diesem Punkt ganz mit dir einverstanden: Die Kirche hat hier während Jahrhunderten eine verhängnisvolle Rolle gespielt, wenn etwa Menschen, die sich getötet haben, nicht in den Friedhöfen bestattet und ihre Angehörigen mit Verachtung und sozialer Degradierung bestraft wurden. Damit hat sich die Kirche (bzw. grosse Teile von ihr) geweigert, das Leiden dieser

Menschen ernst zu nehmen, und sie hat grossen Anteil daran, dass Trauernde diskriminiert wurden. Die Folgen davon spüren wir bis heute, indem der Suizid eines Menschen oft tabuisiert wird oder die Angehörigen meinen, ihn tabuisieren zu müssen, weil angeblich ein Makel auf ihrer Familie lastet und sie gemieden würden.

Vor einigen Jahren wurde ich in meiner damaligen Funktion als Pfarrer und Seelsorger eines Abends von einer Frau angerufen. Sie bat mich, im Spital der Stadt ihre Cousine zu besuchen, der es sehr schlecht ginge. Als ich das Spitalzimmer betrat, spürte ich fast körperlich eine Verzweiflung, und im Gespräch mit der jungen Frau wurde diese Verzweiflung noch deutlicher. Die junge Frau sass fast reglos an ihrem kleinen Spitaltisch, sagte nicht viel, und das Gespräch zwischen uns verlief sehr stockend. Ich hatte die ganze Zeit über den Eindruck, sie nicht erreichen zu können. Danach habe ich mich noch mit der Nachtschwester unterhalten, die dasselbe über ihre Begegnungen erzählte. Am nächsten Tag erhielt ich vom Spital einen Telefonanruf, in dem mir mitgeteilt wurde, dass die Frau in der Nacht aus dem fünften Stock gesprungen und dabei gestorben sei. Dieses Ereignis traf mich tief und ich fühlte mich irgendwie mitschuldig, dass ich diesen Tod nicht hatte verhindern können. Später unterhielt ich mich mit ihren Angehörigen, weil ich zuständig war, die Abschiedsfeier zu gestalten. Dieses unbestimmte Schuldgefühl erkannte ich auch bei den Angehörigen wieder. Ich habe mit der Schwester der Verstorbenen später noch viele Gespräche geführt und gespürt, wie sie diese Frage umgetrieben hat, wie sie Mühe hatte, den Tod ihrer Schwester zu akzeptieren, weil sie sich mitschuldig fühlte.

Du schreibst, dass du den Freitod als Zerstörung der *eigenen* Freiheit verstehst, und dass diese Handlung eine letzte mögliche Äusserung von Freiheit sein kann. Ich meine dagegen, dass der Suizid nicht nur die eigene Freiheit betrifft, sondern immer auch in das Leben und in die Freiheit anderer Menschen eingreift. Die Familie, die Bekannten und Freunde – sie alle müssen mit dem Suizid dieser Person weiterleben. Sie wurden (meistens) nicht gefragt, und sie haben keine Wahl. Ein Suizid ist deshalb stets auch ein Eingriff in die Freiheit der *anderen*. Natürlich kann man die Schuldgefühle der Betroffenen relativieren in dem Sinn, wie man auch die dahinter liegenden Gefühle und Vorstellungen analysiert. In meinem Fall erkannte ich später die Gefühle von Grandiosität, welche sich hinter meinen Schuldgefühlen versteckten, eine Selbstüberschätzung, die mich dazu führte anzunehmen, es hätte tatsächlich in meiner Macht gestanden, die junge Frau von ihrem Vorhaben abzubringen. Doch vor solchen und ähnlichen möglicherweise verborgenen Hintergründen von Schuldgefühlen sind da zuallererst die Gefühle der Verbundenheit und der Verantwortung, Gefühle die wesentlich zu unserem Menschsein gehören und die mit dem Suizid tiefgreifend erschüttert werden. Dabei werden aber nicht nur die konkreten Bindungen verletzt, sondern der Suizid bedroht die menschliche Verbundenheit an sich, indem der Suizidgedanke die Verlässlichkeit menschlicher Bindung überhaupt bedroht.

Ich möchte dir dazu noch eine zweite Situation schildern: ein Gespräch mit einer Gruppe von jungen Lehrerinnen. Einer ihrer früheren Lehrer, den sie sehr geschätzt hatten, hatte sich das Leben genommen. Die Lehrerinnen hatten sich nach Abschluss des Seminars weiterhin in einer kleinen Gruppe mit ihm getroffen und zusammen über philosophische und religiöse Fragen gesprochen. Sie hatten grosses Vertrauen in ihn, und er war für sie – gerade auch in seiner Rolle als Lehrer – ein Vorbild, weil sie erkannten, dass er seinen Visionen treu geblieben war, dass er sich nicht gutbürgerlich eingerichtet hatte und jetzt als Lehrer halt noch «seinen Job machte». Er machte ihnen aber auch deshalb Eindruck, weil er ehrlich war mit sich selbst und in Begegnungen mit andern. Das hatten sie mir in unserem Gespräch erzählt. Und gerade deshalb verunsicherte sie sein Suizid tief: weil sie sich nicht von ihm distanzieren konnten und sie den Tod plötzlich als reale Möglichkeit auch *in ihrem eigenen* Leben vor sich sahen und das Leben dadurch auf einmal zu einer eigentümlich relativen Grösse wurde. Ich habe auch in diesem Gespräch gemerkt, wie tief einschneidend ein Suizid in das Leben anderer Menschen hineinwirkt und was es für unser Leben bedeuten kann, wenn man den Suizid als Akt der Freiheit ansieht: Wenn ein Mensch für sich selbst entscheidet, aus dem Leben zu gehen, betrifft diese Handlung auch die Wahrnehmung von anderen – der Verlässlichkeit von Beziehungen überhaupt und des Vertrauens, in schwierigen Lebenssituationen Veränderung und Lebendigkeit erfahren zu können.

Du schreibst: «Damit die Freiheit Freiheit bleibt ... muss die Möglichkeit einer totalen Verweigerung ... des eigenen Lebens gegeben sein. Die Freiheit wäre nicht Freiheit, wenn nicht auch der eigene Tod gewählen werden könnte.» Ich hatte beim Lesen den Eindruck, dass hier ein Kern deines Anliegens steckt, nämlich dass sich deiner Meinung nach gerade auch in theologischer Hinsicht in der Haltung zum Suizid zeigt, ob wir wirklich freie Menschen sind oder nicht.

Auf der einen Seite bin ich mit dir einverstanden. Auch ich glaube, dass das Verhältnis zwischen Mensch und Gott durch Freiheit qualifiziert ist, sonst gäbe es keinen Sinn, dass in der Bibel immer wieder von der Partnerschaft zwischen Gott und Mensch die Rede ist; sonst wäre der Mensch einfach eine Marionette Gottes. Ich glaube aber auf der anderen Seite, dass die Freiheit nicht ein absolutes Gut ist, also etwas, das der Mensch gleichsam bei sich hat und worüber er verfügt. Ich verstehe Freiheit als ein dialogisches Ereignis, das ich erfahren kann, das mir geschenkt wird und woran ich mich beteiligen kann – etwa in Beziehungen zu Menschen. Dabei habe ich eine Freiheit der Wahl, mich auf solche Erfahrungen einzulassen oder nicht. Aber ich kann m. E. nicht für mich selbst Freiheit realisieren. Theologisch gesprochen müssten wir vielleicht sogar sagen, dass die Freiheit Gottes, die ich erfahre, meine persönliche Freiheit überhaupt erst begründet und ermöglicht. Im Galaterbrief formuliert Paulus das so: «Zur Freiheit hat uns Christus befreit.» (Galater 5, 1).

Die Freiheit des Menschen, von der die christliche Tradition spricht, ist deshalb eine Freiheit zum Leben, nicht eine Freiheit zum Tod. Deshalb finde ich es einen schwierigen Gedanken, wenn du sagst, dass der Tod gegenüber Gott nur relativ sei. Ich empfinde diese Aussage tatsächlich als eine Relativierung des Lebens und zugleich als eine Bagatellisierung des Todes. Der Tod ist das Ende unseres Lebens und er ist die unübersteigbare Grenze, hinter die wir nicht mehr zurück können. Wenn sich jemand das Leben nimmt, ist dieser Entscheid irreversibel, endgültig – für ihn selbst und für alle, die zurückbleiben.

Was aber, wenn jemand – aus welchen Gründen auch immer – diese Freiheit zum Leben völlig verloren hat, und sie für ihn nichts anderes mehr beinhaltet als Schmerz, Einsamkeit und Leere? Ich habe von dem Gespräch mit der jungen Frau im Spital erzählt, zu der ich keinen Zugang gefunden habe, ich weiss um die riesige Not meines Lehrer-Freundes, der sich das Leben genommen hat. Ich weiss, dass es Situationen und Zeiten im menschlichen Leben gibt, die ich nicht verstehe, die nur schwarz und hoffnungslos erscheinen und meine Überzeugung besteht zutiefst darin, «dass Gott grösser ist als unser Herz und alles versteht».

Pascal

3. Brief: Die Brüchigkeit des Lebens und die Liebe

Lieber Pascal
Deinen etwas provokativen Hinweis, dass es sich bei der menschlichen Freiheit um eine Freiheit zum Leben und nicht um eine Freiheit zum Sterben oder zum Tod handle, möchte ich gerne aufgreifen. Ich denke, dass sich dahinter zunächst ein philosophisches Problem verbirgt. Freiheit im menschlichen Sinn ist immer nur eine relative, bedingte Freiheit. Es steht dem Menschen nicht eine Freiheit der völligen Beliebigkeit offen. Unsere Freiheit erfährt ihre Grenze durch den Tod. Davon gibt es keine Befreiung. Dass wir sterben müssen, ist der Zwang, ist aber auch die Chance unseres Lebens. Denn nur weil wir wissen, dass wir sterben müssen, ist es für uns relevant, dass wir uns um das kümmern, was uns als Individuen

überleben kann. Nur deshalb gibt es die Möglichkeit der Liebe, in der ich mich über meine beschränkte Existenz hinaus begeben und mein Leben trotz der Sterblichkeit als sinnvoll erfahren kann. Freiheit bedeutet faktisch aber eigentlich nichts anderes als dies, dass ich diese Chance ergreifen, dass ich sie aber auch verweigern kann. Und sie bedeutet, dass ich es bin, als einmaliges Wesen, das, wie auch immer, entscheidet, wählt, sich zu- oder abwendet. Damit Freiheit in diesem Sinn Freiheit bleibt, muss sie als Möglichkeit eben doch auch eine Freiheit zum Sterben sein können.

Doch nun macht es einen grossen Unterschied, ob man sich dies theoretisch zurechtlegt oder ob man es in der Realität erfährt und davon betroffen ist. Wenn jemand sich das Leben nimmt, ist das für die Angehörigen in jedem Fall sehr belastend. Du schreibst, dass es ein Eingriff in die Freiheit der Angehörigen sei. Derjenige, der Suizid begeht, muss sich bewusst sein, dass er nicht nur sich selbst gehört, sondern auch seinen Angehörigen: Wenn er sich tötet, nimmt er sich ihnen weg, und dies könnte man in der Tat als gewalttätigen Übergriff bezeichnen. Auch wenn es die Angehörigen sich lange nicht eingestehen wollen, sind sie meistens enttäuscht oder gar aufgebracht und wütend, dass ihnen der Suizident dies angetan hat. Normalerweise werden diese Emotionen aber von anderen überlagert, vor allem in der ersten Zeit, und kommen vielleicht gar nie oder erst viel später zum Vorschein. Denn zuerst machen sich die Angehörigen selbst Vorwürfe, sie grübeln darüber nach und suchen bei sich selbst, was sie falsch gemacht haben, dass es soweit gekommen ist. Ich möchte diese Schuldgefühle überhaupt nicht verharmlosen, aber ich möchte doch darauf hinweisen, dass auch bei fast jedem normalen Todesfall bei den Angehörigen Schuldgefühle auftreten. Das hat damit zu tun, dass einem durch die Unabänderlichkeit des Todes schmerzhaft bewusst wird, was man dem geliebten Verstorbenen alles schuldig geblieben ist. Und man wird erst im Nachhinein aufmerksam, woran man im täglichen Leben miteinander selten denkt, dass jedes Verhältnis von Mensch zu Mensch eben endlich, und das heisst, unvollständig, brüchig ist. Damit macht der Tod aber eigentlich nur offenbar, was immer gilt, was die Bedingung des Lebens ist. Doch nun möchte ich beifügen, er macht auch bewusst, dass er die Bedingung des Liebens ist. Und weil niemand, der die Liebe erfahren hat, sie missen möchte, muss man den Tod, muss man die Vergänglichkeit akzeptieren. Aber angesichts des Todes wächst auch die Einsicht, dass alles Sorgen für sich selber, alles Hängen an sich selber sinnlos ist, weil davon für die anderen nichts bleibt. Und was man dem anderen, der gestorben ist, diesbezüglich vorenthalten hat, das kann man definitiv nicht mehr an ihn weitergeben, man bleibt gleichsam darauf sitzen. Bei Trennungen, die durch Suizid entstehen, werden diese Schmerz- und Schulderfahrungen fast ins

Unermessliche gesteigert, aber prinzipiell bleiben es vergleichbare Erfahrungen angesichts des Todes. Wichtig scheint mir, dass beides im Blick bleibt: Der Anteil der Schuld, die ich trage, weil ich es nicht verhindern konnte, und der Anteil der Schuld, die der Suizident trägt, weil er sich so entschieden hat. Als Menschen haben wir beide unsere Würde, und das heisst, unseren unvergleichlichen Wert darin, dass wir unter der Bedingung von Endlichkeit, von Hinfälligkeit und Schwäche unser Leben bestehen sollen. Da ich nur in meiner eigenen Haut stecke, da ich, der ich ja mich selber nur zum Teil kennen und begreifen kann, nicht in den anderen hinein sehe, kann ich eigentlich nur versuchen, zu verstehen und zu verzeihen, so wie ich auch für mich und meine Reaktionen Verständnis und Nachsicht erwarte. Und noch ein letzter Gedanke: Auch wenn mir durch die Erfahrung der Vergänglichkeit bewusst wird, dass im Sein mit und für andere am meisten Sinn liegt, so weiss ich doch auch, dass niemand ein Heiliger sein kann, dass jeder auch auf sich bezogen bleibt, und dass man manches (zum Beispiel eben auch das Sterben) mit sich allein ausfechten muss, weil keine anderen da sind oder weil sie mir längst nicht bei allem helfen können. Die Entscheidung gegen das eigene Leben darf man verschieden beurteilen, aber man sollte in dem Urteil berücksichtigen und respektieren, dass es Bedingungen gibt, unter denen sich der Mensch gegen das Leben entscheidet. Ich verstehe Gott dabei so, dass er uns einlädt, auch auf einen Suizid mit Augen der Liebe zu schauen, und ihm dadurch einen Sinn zu geben, dass man ihn versteht als Aufruf, nach der Liebe, die im vergangenen Leben gefehlt hat, in allem gegenwärtigen und zukünftigen zu suchen.

Hansjakob

4. Brief: Nicht unser Leben ist das Geschenk, sondern wir selbst

Lieber Hansjakob
In dem Punkt bin ich ganz mit dir einverstanden: Nicht nur beim Suizid, sondern bei jedem Todesfall können für die Zurückbleibenden Schuldgefühle auftauchen, weil wir merken, was wir uns im Leben tatsächlich schuldig geblieben sind und dies nun nicht mehr nachholen können. Beim Suizid ist dies jedoch noch in besonderer Weise der Fall, weil ein Mensch die Verbindung zu anderen selbst abgebrochen hat. Und damit werden die Angehörigen auch zu «Gefangenen» dieses, seines Entscheides. Sein Entscheid wird ihr weiteres Leben mitprägen. Freilich ist es im Leben immer so: Immer sind wir mitbetroffen von Entschlüssen der anderen; aber beim Suizid ist dieser Entscheid unwiderruflich; weder zu befragen noch zu verändern – wir kommen nie mehr in Kontakt miteinander.

Du bezeichnest diesen Schritt als möglichen Akt der Freiheit. Einerseits habe ich als Mensch tatsächlich die Möglichkeit, mich vom Leben abzuwenden oder mich ihm zuzuwenden. Insofern habe ich eine Freiheit der Wahl. Wenn du mit dieser Freiheit diese Wahlfreiheit meinst, bin ich mit dir einverstanden. Ich habe dich aber radikaler verstanden, in dem Sinne, dass wir in der Wahl zum Sterben unsere Freiheit und darin einen gültigen Lebenssinn realisieren und finden können – und da bin ich anderer Meinung. Denn dahinter steckt für mich eine weitere Frage: Wem gehört unser Leben? Wenn das Leben, das ich führe, mir gehört, dann habe ich auch die Freiheit es abzulehnen, dann kann ich das «Lebensticket» wieder zurückgeben, wie es Raskolnikow in Dostojewskis Roman *Schuld und Sühne* einmal tun will. Ich verstehe auch die Aussage aus deinem ersten Brief, dass das Leben ein «Geschenk» ist, in dieser Richtung. Wenn das Leben ein Geschenk ist, dann gehört es konsequenterweise uns und dann können wir auch darüber entscheiden, ob wir es wollen oder nicht. Aber wer ist in diesem Bild der Empfänger des Lebensgeschenkes? Gibt es ein unabhängiges Ich, das das Leben empfängt? Ich verstehe die Aussage, wonach Gott uns das Leben schenkt, anders. Ich verstehe sie so, dass wir selbst, mit Haut und Haaren, Geschenk *sind*. In diesem Bild ist die Trennung, wonach wir vom «geschenkten Leben» selbst sozusagen losgelöste und unabhängige Subjekte sind, aufgehoben. Denn alles, worauf wir diese Unterscheidung bauen möchten, sei es der Wille, das Bewusstsein oder das Gewissen, ist nicht etwas vom Geschenk Unabhängiges und Stabiles, sondern selbst höchst veränderlich und unmittelbar abhängig von der konkreten Situation, in der ich mich befinde. Deshalb finde ich es wichtig, im Suizidhinweis die Suche nach Kontakt, nach Nähe und Verstandenwerden zu sehen – und den betreffenden Menschen nicht in seinem Wollen allein zu lassen –, weil er Ausdruck einer momentanen Verzweiflung sein kann, die endgültige Folgen haben könnte.

Ja, ich stecke in meiner Haut, wie du schreibst – aber diese Haut ist in dauerndem Austausch mit der Luft um mich herum, sie wird berührt und verletzt, sie ist Teil eines riesigen Zusammenhanges, in dem ich lebe. Und das Ich, das in meiner Haut steckt bzw. das ich in meiner Haut zu finden glaube, ist selbst wiederum ein eigener Kosmos von verschiedenen Stimmen und Stimmungen. Wir sind als Menschen in Bewegung, werden bewegt und bewegen andere, und «was wir sein werden ist noch nicht offenbar geworden» (1. Joh. 3, 2), wie der Verfasser des ersten Johannesbrief festhält. Joan Ramon Jiménez beschreibt diese Offenheit und Bewegung, das Geheimnis des menschlichen «Ich» in einem Gedicht mit folgenden Worten: «Ich bin nicht ich, ich bin jener, der an meiner Seite geht, ohne dass ich ihn erblicke, den ich oft besuche, und den ich oft vergesse. Jener, der ruhig schweigt, wenn ich spreche, der sanftmütig verzeiht, wenn ich hasse, der umherschweift, wo ich nicht bin, der aufrecht bleiben wird, wenn ich sterbe.»

Du schreibst am Schluss deines Briefes, dass wir einen Suizid als Aufruf verstehen können, nach der Liebe zu suchen, die in diesem Leben vielleicht gefehlt hat. Ich sehe das auch so und gerade aus diesem Grund erkenne ich in ihm Verzweiflung, Nicht-mehr-weiter-Wissen, vielleicht Resignation oder Wut, und damit den Schritt, diese Suche aufzugeben. Die Gründe, die einen Menschen zu dieser Entscheidung führen, sind so verschieden, wie es die Menschen selbst sind. Dass jemand aus Verzweiflung Suizid begeht, ist für mich nachvollziehbar, und eine Verurteilung dieses Entscheids ist absurd und unmenschlich.

Aber wenn ich den Suizid in dem Sinn als Aufruf verstehe, kann ich ihn andererseits nicht als Akt der Freiheit ansehen. Wenn ich davon ausgehen würde, dass sich meine menschliche Freiheit auch darin erfüllen kann, über das Ende meines Lebens zu entscheiden, dann wird das Leben und die Liebe relativ, sozusagen zum Objekt meiner Freiheit. Ich meine aber, dass wir Menschen so tief ins Geheimnis des Lebens und in unsere Beziehungen hineinverwoben sind, dass wir selbst Teil dieses Geheimnisses sind. Deshalb habe ich in meinem ersten Brief davon gesprochen, dass ich für mich keine Freiheit besitze, wie ich auch die Liebe nie besitzen und über sie verfügen kann.

Und ich glaube, dass es keine Situation im menschlichen Leben gibt, in welcher nicht doch noch ein Raum von Lebenssinn und Freiheit offen ist; dass es keine Lebenssituation gibt, in welcher die Liebe Gottes zu einem Menschen und damit die Möglichkeit, im Leben Freiheit und Liebe zu erfahren, aufhört – sofern ein anderer da ist, der auch in der tiefsten Nacht an dessen Seite geht.

Pascal

Pierre Bühler

DER SUIZID – LEIDEN UND FREIHEIT: ETHISCH-THEOLOGISCHE ÜBERLEGUNGEN

Ils ont brûlé leurs ailes, ils ont perdu leurs branches
tellement naufragés que la mort paraît blanche.
Jacques Brel: «Les désespérés»

«Es gibt nur ein wirklich ernstes philosophisches Problem: den Suizid», schreibt Albert Camus in seinem Buch *Der Mythos des Sisyphos*: «Sich entscheiden, ob das Leben es wert ist, gelebt zu werden oder nicht, heisst auf die Grundfrage der Philosophie antworten.»[1] Halten wir gleich zu Beginn fest: Der Suizid ist nicht bloss das Problem der Philosophen. Er ist schlicht ein menschliches Problem, eine unablässig wiederkehrende quälende Anfrage, die jeden und jede mit der Frage nach dem Sinn des Lebens konfrontiert. In umfassenderer Perspektive stellt sich das Problem des Suizids als die schwierige Begegnung von Leiden und Freiheit dar: ein brennendes Leiden und deshalb eine Anfrage an die Freiheit – eine Anfrage, die eben diese Freiheit mit ihren Herausforderungen und Grenzen konfrontiert. In diesen komplexen Verhältnissen ist die Dimension der Ethik verortet. Unter Ethik verstehen wir hier jenes Nachdenken, das dem Menschen die Orientierung in den Aufgaben und Herausforderungen des Lebens ermöglicht, indem es sich auf Werte, Normen und Kriterien bezieht, welche auf der Unterscheidung zwischen gut und böse, zwischen gerecht und ungerecht gründen.

Mit Blick auf den Suizid lässt sich die ethische Perspektive auf drei verschiedenen Ebenen artikulieren: auf einer gesellschaftlichen, individuellen und spirituellen (oder religiösen) Ebene.

Der Mensch lebt in der Gesellschaft, weshalb jeder Mensch innerhalb eines Systems von Pflichten mit den Individuen in seinem Umfeld verbunden ist. In diesem Kontext ist der Suizid Ausdruck einer bestimmten Art und Weise, sich gegenüber dem anderen zu situieren: sich den eigenen Pflichten dem anderen gegenüber entziehen, den anderen ein letztes Mal deren Gleichgültigkeit in Erinnerung rufen, sich verpflichtet fühlen, das eigene Umfeld von einer unnötigen Last zu befreien usw.

Als Individuum hat jeder Mensch die Pflicht zur Selbsterhaltung: Die Verwirklichung seines Lebens verpflichtet ihn sich selbst gegenüber. So

---

1 Camus 1999 [1942], 11.

betrachtet, stellt die Selbsttötung grundsätzlich einen Verstoss gegen diese Forderung zu leben dar, auch wenn dieser Akt zuweilen als eine Form der Vollendung gelten mag.

Das Leben ist ein vom Menschen empfangenes, ihm anvertrautes Gut. Es kommt ihm nicht von ihm selbst zu, sondern ist ihm für eine ihm selbst unbekannte Frist geschenkt. Aufgrund welchen Rechts würde es ihm gehören? Und wenn er nicht dessen Herr ist, ist er dann frei, darüber zu verfügen und ihm ein Ende zu setzen?

Zwischen Verurteilung und Glorifizierung

In ihrer ethischen Bewertung des Suizids waren die Menschen im Laufe der Jahrhunderte schon immer zwischen zwei Haltungen hin- und hergerissen: zwischen Verurteilung und Glorifizierung.

Die Verurteilung stigmatisiert den Suizidenten als einen Ausgegrenzten. Diese Ausgrenzung begann schon früh, auf alle Fälle geht sie auf die Antike zurück. Bereits im 4. Jahrhundert v. Chr. empfahl der griechische Philosoph Platon für Suizidopfer eine gesonderte Grabstätte: «[...] die aber auf diese Weise umgekommen sind, sollen ihr Grab erstens einmal in der Einsamkeit und nicht neben einem anderen haben und ferner an einem unbebauten und namenlosen Ort [...]; dort soll man sie ruhmlos beerdigen und die Stätte weder mit einer Grabstele noch mit ihrem Namen bezeichnen.»[2] Die aus dem Christentum hervorgegangene traditionelle Moral beschreitet denselben Weg, wenn sie erklärt, der Suizid sei eine Sünde vor Gott, masse sich doch der Suizident ein Recht an, das allein Gott zukommt: das Recht, das Leben, das er uns geschenkt hat, zu beenden. In ihrem Urteil unterscheidet die Tradition zwischen Akt und Person, verurteilt den Akt, nicht aber den Menschen, der ihn vollzieht. Dennoch hat die Verurteilung aus dem Suizid ein Tabu und aus dem Suizidenten einen Ausgegrenzten gemacht, dem noch zu Beginn des letzten Jahrhunderts die kirchliche Grabstätte verweigert wurde.[3]

Zugleich wird der Suizid immer auch glorifiziert, in dem Sinne, als er zum höchsten Akt menschlicher Freiheit, zur ultimativen Form der Selbstbestimmung stilisiert wird. Diese Denkrichtung geht ebenfalls auf die Antike zurück: Vertreten wurde sie namentlich von den stoischen Philosophen. Wenn die Zwänge zu stark werden, das Leben zu unerträglich,

---

2 Platon 1974, 9. Buch, 873c–d, 392.
3 Die Stigmatisierung der Suizidenten und ihrer Familien ist heute geringer als früher; sie ist aber noch immer da und hat namentlich versicherungstechnische Konsequenzen (medizinisch-rechtliche Folgen des Suizids).

stellt der Suizid die heroische Selbstbestimmung dar, den hohen Mut, das Leben loszulassen, allzu Belastendes hinter sich zu lassen. Oder in den Worten von Henry Millon de Montherlant: «Niederlage des Suizidenten oder nicht, das ist unwichtig, wenn er durch seinen Suizid zwei Dinge bezeugt hat: seinen Mut und seine Überlegenheit. Dann ist der Suizid die Vollendung seines Lebens, wie die Flamme die Fackel vollendet.»[4] Seltsames Paradox: Selbst als «Niederlage» wäre der Suizid allererst «Überlegenheit»!

Problematisch sind beide Haltungen. Weshalb wäre der Suizid von vornherein – so das Verständnis der Glorifizierung – Ausdruck von «Seelengrösse», von unvergleichlichem Edelmut? Könnte er nicht auch ein Aufgeben, der Ausdruck von Verzweiflung, von unüberwindlicher Einsamkeit – und folglich vielleicht doch eine Niederlage sein?

Aber auch die Verurteilung ist nicht unproblematisch: Mit welchem Recht wird der Suizid als Sünde bezeichnet, so als wäre er zwangsläufig eine Auflehnung gegen Gott? Wer kann mit erhobenem Zeigfinger diesen Akt verurteilen und mit der Gewissheit des Moralisten den ersten Stein werfen? Eigens erwähnt sei, dass die Bibel an keiner Stelle ein explizites Verbot des Suizids an sich enthält, genauso wenig eine Verurteilung der neun in ihr erwähnten Suizide. Von einigen Suizidenten wird ganz im Gegenteil berichtet, sie seien mit allen Ehren im Grabmal ihrer Väter beigesetzt worden.

Im Reich der Vieldeutigkeit

Verurteilung und Glorifizierung des Suizids, wie oben beschrieben, setzen beide voraus, dass es nur einen einzigen Typ von Suizid gibt, dem ein absoluter, entweder negativer oder positiver Wert zugeschrieben werden könne. Die Schwäche beider Auffassungen liegt darin, dass sie die Vielfalt der gelebten Situationen unberücksichtigt lässt. Dem Suizid können je nach Umständen (beteiligte Personen, Lebensbedingungen, erlittene Zwänge, Kommunikationsmöglichkeiten usw.) ganz unterschiedliche Bedeutungen zukommen. Er entspricht mithin niemals einem vorgegebenen Modell. Deshalb wäre es adäquater, von «Suiziden» zu sprechen (wie dies der französische Originaltitel des Buchs des Psychosoziologen Jean Baechler nahe legt: «Les suicides»[5]). Dieser Plural bringt die Vieldeutigkeit des Suizids besser zum Ausdruck.

---

4 Zit. nach Encyclopedia Universalis 21, 2002, 804.
5 Baechler 1975.

Die Extrempositionen setzen den freien Willensentscheid des Individuums voraus und können – oder wollen – deshalb die Vieldeutigkeit der Wirklichkeit nicht wahrhaben. Doch Schwarzweissmalerei verfehlt den Kern, denn eine Atmosphäre der Vieldeutigkeit umgibt den Suizid. Wer den Suizid begreifen will, darf diese Vieldeutigkeit nicht verkennen. Wäre es nicht ergiebiger, von einer demütigen Position auszugehen und sich – im Wissen um die Wandelbarkeit des Wunsches zu leben – weigern, über den Suizidenten zu urteilen?

Der Suizid kann ein Scheitern, ein tragischer Ausgang sein, der signalisiert, dass der Suizident in einer ausweglosen Lage war, in der Falle sass und nicht mehr anders konnte. Versagen vielleicht, oder Schwäche? Oder ist der Suizid ganz im Gegenteil ein Aufbegehren gegen ungerechtes Leiden, gewissermassen ein letztes Aufbäumen des Willens, der Stärke, womit jemand bekräftigt, alles in allem sei es noch besser, diesen Todesakt entschlossen zu vollziehen?

Doch es besteht auch noch eine dritte Möglichkeit: Ist der Suizid vielleicht weder ganz Scheitern noch ganz Aufbegehren, vielmehr eine Kombination von beidem? Aktivität und Passivität zugleich, Unfreiheit und Freiheit zugleich – beides ineinander verschlungen? Denn die Freiheit ist niemals rein und absolut, als wäre sie die souveräne Fähigkeit, alles klar und eindeutig zu entscheiden. Sie ist vielmehr konkrete Freiheit, eingeschrieben in konkrete Verhältnisse, konfrontiert mit Hindernissen, Widerständen, Leidenssituationen, eine nachrangige Freiheit eher als eine vorrangige, nicht eindeutig und transparent, vielmehr im Dickicht des Lebens angesiedelt.

Auch die Sprache verweist uns auf die Vieldeutigkeit dieses Akts: «Nimmt sich das Leben», wer sich suizidiert, wie wir auf Deutsch sagen, oder «gibt er sich den Tod» *(se donner la mort)*, wie wir auf Französisch sagen? Nehmen oder Geben, Verlust oder Geschenk? Und welches ist der Verlust, um welches Geschenk handelt es sich?

Die Vieldeutigkeit des Suizids liegt mithin in seinem Verhältnis zu Leben und Tod. Der Philosoph Arthur Schopenhauer formuliert es wie folgt: «Weit entfernt Verneinung des Willens zu seyn, ist dieser [der Selbstmord] ein Phänomen starker Bejahung des Willens [...]. Der Selbstmörder will das Leben und ist bloss mit den Bedingungen unzufrieden, unter denen es ihm geworden.»[6] In diesem Satz kristallisiert sich eine mit der Ambivalenz menschlicher Wünsche zusammenhängende eigenartige Spannung heraus; diese findet sich in vielen Abschiedsbriefen von Suizidopfern. Aus ganz unterschiedlichen Gründen (Krankheit, Angst, Einsamkeit, Verzweiflung, Sinnverlust) verliert das Leben seinen Wert. Gemessen an ei-

---

6 Schopenhauer [1819] 1988, 4. Buch, § 69, 512.

nem Lebensideal, erscheint es als nicht mehr lebenswert. Weshalb also dieses Leben weiterhin ertragen? Dann versteht der Suizident seinen Schritt als Protest gegen das nicht mehr lebenswerte Leben im Namen eben dieses Lebensideals. Die Ungewissheit des Todes zieht er der allzu belastenden Gewissheit des Lebens bei weitem vor: Was soll schon das Unbekannte des Todes, wenn es nur nicht mehr mit diesem unerträglichen Leben weitergeht. Und vielleicht gibt es jenseits dieses Todes etwas, was besser ist als das Leben hier und jetzt. Es ist, als verspräche der Tod plötzlich mehr als das Leben. Er wird eine Art Hoffnungsweg. Das hat den amerikanischen Psychologen R. J. Lifton zur Aussage bewogen, im Suizid liege eine Art «Zukunftssuche» und folglich eine Sinnsuche.[7]

Diese Vieldeutigkeit destabilisiert und verunsichert den Menschen. Der daraus entstehende Sog macht es fragwürdig, im Zusammenhang des Suizids einfach von Willensfreiheit und freier Wahl zu sprechen. Ist die Möglichkeit des Suizids nicht eher eine Leere, ein schwindelerregender, erschreckende und zugleich faszinierende Verheissungen vorgaukelnder Abgrund?

Unsere Gesellschaft: alles, und zwar sofort ...

Den Suizid gibt es seit Menschengedenken: Bezeugt wird er bereits in ganz frühen Texten. Doch vielleicht wird er in bestimmten Epochen wie etwa der unsrigen ganz besonders begünstigt. Weshalb? Unser Leben läuft heute in einem rasenden Rhythmus ab: Wir jagen Zielen aller Art nach. Erfolg, Profit, Rentabilität, Macht, Wohlstand sind die dominanten Werte unserer Gesellschaft. Das implizite Ideal lautet: alles, und zwar sofort, und diesem unmittelbaren Glück rennen wir hinterher. Doch wir sind zugleich zu Gefangenen dieses Rennens geworden und nehmen uns nicht mehr die Zeit, miteinander zu leben, aufeinander zu hören und miteinander zu sprechen. Und wehe denjenigen, die, vom Sog erfasst, innehalten möchten, um ihre Fragen zu stellen und ihren Schmerz auszudrücken! Sie laufen Gefahr, einsam zu werden, in die Wüste zu rufen, denn sie erregen Anstoss: Ihre Fragen suggerieren, dieses unmittelbare Glück sei ein unerreichbares Trugbild. Doch dieser Verdacht weckt zu viele Ängste, als dass er vernommen werden könnte. Besser weiter rennen!

Dieses Rennen fordert also Opfer: Was geschieht, wenn wir in diesem Rennen straucheln und fallen, wenn wir scheitern, wenn wir diesen so begehrlich angestrebten oberflächlichen Wohlstand nicht erreichen? Was

---

7 Zit. nach Doucet 1987, 59; vgl. auch Lifton 1980.

ist mit den Langsamen, den Armen, den Ohnmächtigen? Sie stranden am Rande des Todes oder zumindest der Todesversuchung. Ihr Schicksal wirft ein kritisches Licht auf den Wert des Lebens: Verspricht der Tod nicht etwas Besseres als dieses frenetische, oberflächliche, künstlich-hohle Leben? Auf jeden Fall stellt ein solches Leben keine echte Alternative zum Lebensüberdruss dar. Ist es, von den dominanten Werten derart abhängig, wirklich ein freies Leben? Ist es überhaupt Leben? Was ist das Leben, und welchen Sinn hat es? So stellt der Suizid die Frage nach dem Sinn des Lebens – und es ist dies nicht die geringste seiner Herausforderungen.

Der Sinn des Lebens ist kein Fertigkleid ab der Stange

In der Illusion des «Alles-und-zwar-sofort» gefangen, könnte man meinen, auch der Sinn des Lebens müsse unmittelbar gegeben sein sein – wie ein Fertigkleid, das man einfach überstülpen kann. Auf ganz verschiedene Arten suggeriert die Gesellschaft dies auch, wenn sie – beispielsweise in der Werbung – vorgibt, um glücklich zu sein, genüge dieses Parfum oder jenes Auto, dieses Bankkonto oder jene Figur. Glück und Fülle in greifbarer Nähe! Und dennoch, diese Verheissungen drohen einzustürzen wie ein Kartenhaus. Zurück bleibt die Desillusion: Das Leben hält nichts von dem, was es verspricht. Weshalb es erleiden, wenn es nicht alles sofort gibt?

Und gerade hierin liegt die wahre Herausforderung des Lebens, sein grosses Leiden, aber auch seine grosse Chance (was der Suizident in seiner Verzweiflung allerdings nicht mehr wahrzunehmen vermag): Das Leben gibt uns nichts umsonst, was es uns gibt, hat stets einen Preis, einen zuweilen sehr hohen Preis. Der Wert des Lebens besteht vielleicht gerade darin, dass es dem «Alles-und-zwar-sofort» widersteht.

Ein Bild aus der Bibel[8] kann den positiven Aspekt dieser Herausforderung deutlich machen: Das Leben gleicht einem Acker, in dem ein Schatz vergraben ist. Leben heisst, diesen Acker geduldig umzugraben – auf der Suche nach dem Schatz. Dieser Schatz verleiht dem Leben Sinn, Gehalt, Beständigkeit. Niemand weiss, ob er ihn je finden wird, und, wenn ja, wann und wie. Doch ist es, meiner Meinung nach, gerade diese immer von neuem aufgenommene Suche selbst, die das Leben lebenswert macht.

Der Schatz liegt nicht jenseits des Lebens, in einem trügerischen, schillernden und faszinierenden «Anderswo». Er liegt im Leben begraben; hier

---

8 Vgl. Matthäus 13, 44.

gilt es, ihn, in den Herausforderungen, in den Prüfungen des Lebens zu suchen.

Niemand hat jemals behauptet, das Leben sei ein Paradies. Aber es ist auch nicht die Hölle. Das Leben spielt sich auf der Erde ab, auf der häufig steinigen, aber auch verheissungsvollen Erde. Diese Erde können und müssen die Menschen umgraben. So sorgen sie dafür, dass die Erde Früchte trägt – und diese Früchte sind der wahre Schatz des Umgrabens.

Das biblische Bild enthält die folgende, an uns alle gerichtete Botschaft: «Das Leben ist kein vergängliches Fertigkleid, das du anziehen und dann wegwerfen kannst. Du bist mehr wert. Dein Leben ist der Ort einer Suche, und diese Suche soll die Leidenschaft deines Lebens werden.»

Ein Appell an die Verantwortung

Unter dieser Perspektive sind wir alle aufgerufen, in Anspruch genommen, um die eigene Verantwortung ersucht. Anders gesagt: Uns obliegt es, nach unserem Vermögen die Herausforderungen des Lebens anzunehmen, auf die eigenen Lebenssituationen einzugehen. Der Schriftsteller Friedrich Dürrenmatt hat es verstanden, dieser Verantwortung bis in die Verzweiflung hinein Ausdruck zu verleihen: «Gewiss, wer das Sinnlose, das Hoffnungslose dieser Welt sieht, kann verzweifeln, doch ist diese Verzweiflung nicht eine Folge dieser Welt, sondern eine Antwort, die man auf diese Welt gibt, und eine andere Antwort wäre das Nichtverzweifeln, der Entschluss etwa, die Welt zu bestehen, in der wir oft leben wie Gulliver unter den Riesen.»[9]

Die Aufgaben, die Prüfungen, das Leiden des Lebens, sie mögen uns zuweilen als überwältigend, als wahre «Riesen» erscheinen. Doch diesen Riesen gegenüber kann die menschliche Freiheit, wie klein, wie beschränkt sie auch sein mag, immer auf eine mögliche Antwort hin befragt werden, eine ihr innewohnende, verzweifelte oder mutige Antwort auf Umstände, auf Probleme, auf Leiden. Die menschliche Freiheit, und möge sie noch so zerbrechlich sein, ist in ihrer Verantwortung herausgefordert. Das gilt auch für den Suizidwilligen: Für ihn ist der beabsichtigte Suizid der Versuch einer Antwort. Doch ist er die einzig mögliche, die bestmögliche Antwort?

Deshalb könnten wir uns mit der folgenden Botschaft an den Suizidwilligen wenden: «Lass dich von der Gesellschaft des ‹Alles-und-zwar-sofort› nicht täuschen, glaub nicht vorschnell, dass alle rennen. Trete gegen

---

9 Dürrenmatt 1996, 60. Das Ende des Zitats spielt an auf den Roman *Gullivers Reisen* von Jonathan Swift: Nach dem Land der Zwergmenschen, der Liliputaner, gerät Gulliver unter die Riesen, von denen er sich befreien muss.

dein Einsamkeits- und Verlassenheitsgefühl an. Mehr Menschen als du denkst kämpfen gegen dieselben Riesen wie du. Und vielleicht manchmal gerade diejenigen, von denen man es am wenigsten vermuten würde. Hör nicht auf zu rufen! Es lohnt sich, deine Antwort mit den Antworten anderer zu vergleichen. Etliche, die in dieser oder jener Form bereits erfahren haben, was es heisst, ‹durch die Wüste gehen zu müssen›, sind auf andere Antworten gestossen und vielleicht bereit, deine Verantwortung mit dir zu teilen und dich in deiner Suche zu begleiten.»

Und die Religionen?

Die Religionen setzen sich mit der Frage des Todes und dessen Bedeutung für das menschliche Leben auseinander. Man könnte also meinen, sie besässen die endgültige Antwort, es genügte zu glauben, um vom Sog des Suizids befreit zu sein. Vor derart groben Vereinfachungen sollen wir uns hüten. Je nachdem, wie sie sich präsentieren, können Religionen sehr trügerisch sein. Ihr Verhältnis zum Suizid ist nicht immer klar.

Die christliche Tradition etwa hat sich dem Suizid gegenüber oft als ambivalent erwiesen. Sie war, wie bereits erwähnt, schnell bereit, den Suizid als Sünde zu verurteilen. Doch hat sie nicht gleichzeitig in bestimmten Konstellationen die Faszination für das Leben nach dem Tod geschürt, indem sie das Glück auf Erden zugunsten der Freuden des ewigen Lebens im Jenseits herabsetzte?

Nicht wenige religiöse Strömungen versprechen heute eine verführerische Lösung für die unausweichliche Herausforderung des Todes: Verschmelzung in der Harmonie des Ganzen nach Art des «New Age», Reinkarnation einer unsterblichen Seele in immer neuen Körpern, sanfter Übergang in eine lichte und warmherzige Welt nach Art der Untersuchungen von Dr. Moody über Nah- und Scheintoderlebnisse usw.

Was ist von solchen vorgefertigten Glaubensrezepten *(prêts-à-croire)* zu halten? Geben sie gültige Antworten auf die Herausforderungen des Lebens oder wecken sie illusorische Hoffnungen? Diese Fragen sind es wert, gestellt zu werden. Es ist wichtig, darüber nachzudenken, was wir von einer Religion erwarten können und sollen. Ist nicht Misstrauen angebracht gegenüber einer Religion, die verspricht, ein für allemal von der Suche nach dem Sinn des Lebens zu befreien? Gegenüber einer Religion, die den Menschen von seinem Leben hier und jetzt ablenkt und ihn davon entbinden will, den Acker seines Lebens wieder und wieder umzugraben? Wahrer Gott kann nur ein Gott sein, der die Mühsal dieses Umgrabens mitträgt und mit dem Menschen die Sorge um diese Erde voller Verheissungen teilt. Ein Gott, der im konkreten Raum unseres Lebens und unseres Sterbens wohnen will, um daraus den Ort eines offenen, leidenschaftlichen und reizvollen Abenteuers zu machen. Deshalb präsentiert der christliche Glaube den Tod nicht von vornherein als besänftigend, als eine Art «Happy End». Er ist Gericht im Sinne einer Offenbarung, einer Enthüllung: Jede und jeder wird sich selbst offenbar, sich selbst enthüllt, ohne Ausflucht, ohne Maske – so wie sie oder er ist. Aber in der Liebe Gottes angenommen und aufgehoben zu sein – das ist die tiefste Überzeugung des christlichen Glaubens. Deshalb bleibt der Mensch, wie in seinem ganzen Leben, auch in seinem Sterben von Gott auf seine Verantwortung hin angesprochen.

Vielleicht könnte dieser Gott eine Antwort auf den Suizid sein, aber einzig und allein darum, weil er unablässig in Erinnerung ruft, dass das Leben eine Schatzsuche ist, bei der es wert ist, bis zum Ende dran zu bleiben. Und weil er jeder und jedem zuruft: «Es ist an dir, zu suchen!»

Begleitung Suizidgefährdeter

In den allermeisten Fällen ist ein Suizid Ausdruck von Rückzug und Einsamkeit. Anstatt auf diesen Rückzug mit Verurteilung oder Gleichgültigkeit zu antworten, die die Einsamkeit nur verschärfen, müssen wir uns, um mit Patrick Baudry zu sprechen, darin üben, «das Gehör zu schärfen»[10]. Wir müssen fähig sein, den Hilferuf zu hören, der im Suizid direkt oder indirekt zum Ausdruck kommen will. Denn: «Der Suizid ist die Extremphase des Hilferufs.»[11]

Hören und Zuhören ist das Pensum all derjenigen, die Suizidwillige oder Familien von Suizidenten begleiten: Sozialarbeiter, Psychologinnen, Pflegende, Freunde oder Angehörige. Diese wie auch immer konkret gestaltete Begleitung ist schwierig und belastend, denn sie konfrontiert jede und jeden mit der Frage nach dem Wert des eigenen Lebens und setzt alle heftigen existenziellen Konflikten aus. Folglich ist es überaus wichtig, die Bedingungen dieser Begleitung konsequent zu respektieren, denn nur so kann sie frei und verantwortlich geschehen. Andernfalls besteht die Gefahr, dass nicht geholfen, sondern die Schwierigkeit nur vergrössert, das Problem verlängert oder sogar verstärkt wird.

Unerlässlich ist es namentlich, nüchtern und gelassen die Grenzen einer solchen Begleitung zu akzeptieren. Letztlich sind die begleitenden Menschen machtlos und können nichts kontrollieren. Das entlastet sie vom Zwang, um jeden Preis etwas verhindern oder um jeden Preis alles wieder

---

10 Baudry 1985, 171.
11 Doucet 1987, 61.

in Ordnung bringen zu müssen. Menschen in Not vor oder nach einem Suizid zu helfen bedeutet, an einer heftigen Krise teilzuhaben, in der sich Zorn, Ohnmacht, Empörung und Schuld mischen. Alle diese gegensätzlichen Gefühle müssen artikuliert und ausgedrückt, müssen ausgelebt werden können. Das ist der Preis der Rückkehr ins Leben; Hilfe besteht darin, sich geduldig dem langwierigen Prozess der Versöhnung mit dem Leben, mit den anderen, mit sich selbst zu öffnen und den eigenen Grenzen zu stellen. Aber ohne ihn beschleunigen oder steuern zu wollen! Bescheiden im Dienste dieses Prozesses zu stehen, verlangt Geduld: Die Geduld, Zorn, Ohnmacht und Empörung durchzuarbeiten.

Zum Abschluss

Am Anfang wie am Ende unserer Überlegungen zeigt sich, dass das Leben häufig nur an einem seidenen Faden hängt. Diese Zerbrechlichkeit bezeugen die Suizidwilligen ganz besonders. Wir alle sind aufgerufen, diese Botschaft zu hören. Zu hören – dies ist die Hauptvoraussetzung für Hilfe. Ist denn das Leben nicht gerade deshalb lebenswert, weil es an einem seidenen Faden hängt? Wenn das stimmt, dann müssen wir alle immer wieder von neuem lernen, wahrhaft zu leben.

Bibliografie

Baechler, J.: Les suicides. Paris: Calmann-Lévy; Dt, 1975.: Tod durch eigene Hand: Eine wissenschaftliche Untersuchung über den Selbstmord. Frankfurt a. M.: Ullstein, 1983.

Baudry, P.: «Alte und neue Faktoren in bezug auf den Suizid.» In: Concilium 21/3, 167–172, 1985.

Camus, A.: Der Mythos des Sisyphos [1942]. Reinbek b. Hamburg: Rowohlt, 1999.

Doucet, H.: «Les suicides: la morale confrontée à l'expérience.» Postface. In: Cahiers médico-sociaux 31/1, 55–63, 1987.

Dürrenmatt, F.: «Theaterprobleme.» [1954]. In: Gesammelte Werke 7, Zürich: Diogenes, 28–69, 1996.

Encyclopaedia Universalis, 21, «suicide». Paris, 804–808, 2002.

Lifton, R. J.: The Broken Connection, New York: Simon and Schuster, Suicide – The Quest of a Future. 239–261, 1980.

Platon: Die Gesetze. In: ders.: Sämtliche Werke 7. Eingel. v. O. Gigon, übertr. v. R. Rufener. Zürich – München: Artemis, 1974.

Schopenhauer, A.: Die Welt als Wille und Vorstellung I [1819]. Zürich: Haffmans Verlag, 1988.

Autorinnen und Autoren

Lytta Basset

Theologin, Professorin an der Universität Lausanne, viele Gastdozenturen weltweit, Autorin vieler beachteter theologischer Abhandlungen (*Sainte Colère* 2002, *Le Fermeture à l'amour* 2000 u .v. m).

Patricia Bernheim

Journalistin seit 25 Jahren, hat im Themenbereich Suizid Artikel für verschiedene Zeitungen und Zeitschriften verfasst und thematische Beiträge für das Schweizer Fernsehen realisiert.

Pierre Bühler

Dr. Prof., Ordinarius für systematische Theologie an der theol. Universität Zürich, Mitleiter des Instituts für Hermeneutik und Religionsphilosophie, Autor vieler Artikel und Monografien.

Dolores Angela Castelli Dransart

Dr. Dozentin und Verantwortliche für den Bereich Forschung an der Haute Ecole fribourgeoise de travail social. Autorin und Referentin zum Thema der Postvention.

Thomas Hänel

Spezialarzt für Psychiatrie und Psychotherapie FMH in Basel, Autor verschiedener Publikationen zum Suizid (*Suizidhandlungen* 1989, *Suizid und Zweierbeziehung* 2001).

Brigitte Heitger

Psychotherapeutin in Logotherapie und Existenzanalyse in Bern, Lehrausbildnerin und Sekretärin der IGLE (Internationale Gesellschaft für Logotherapie und Existenzanalyse).

Konrad Michel

Prof. Dr. med., Facharzt für Psychiatrie und Psychotherapie, tätig u.a. als Oberarzt an der Universitätsklinik für Sozial- und Gemeindepsychiatrie in Bern. Mitglied verschiedener internationaler Organisationen und Gründer einer internationalen Arbeitsgruppe zur Förderung der therapeutischen Beziehung mit dem suizidalen Patienten («the Aeschi working group»).

Pascal Mösli

Theologe und Supervisor, tätig im Gesundheitsbereich (mit Schwerpunkt der Suizidprävention) als Projektleiter bei Kongressen und Weiterbildungstagungen sowie als Referent und Publizist (u.a. *Suizid ...? Aus dem Schatten eines Tabus?*).

Hans-Balz Peter

Prof. Dr., Wirtschaftswissenschafter und Sozialethiker, bis 2004 Leiter des Instituts für Sozialethik des SEK, Autor zahlreicher Publikationen zu verschiedenen Themen Praktischer Sozial-, Wirtschafts- und Entwicklungsethik.

Xavier Pommereau

Psychiater, Dr., Chefarzt der Unité médico-psychologique de l'adolescent et du jeune au centre Abadie in Bordeaux, weltweit anerkannter und einflussreicher Autor von Publikationen zur Suizidthematik (*L'adolescent suicidaire* 1996, *Quand l'adolescent va mal* und *Un coquelicot en enfer* beide 1998, prix du Premier Roman au Festival de Chambéry).

Jacqueline Rutgers-Cardis

Psychologin, Präsidentin der Schweizerischen Gesellschaft für Krisenintervention und Suizidprophylaxe, Mitbegründerin von «Regenbogen» und «CAPS» (comité action prévention suicide).

Hansjakob Schibler

Pfr., ehemals Leiter des Bürgerlichen Waisenhauses in Basel, heute Pfarrer in Volketswil. Verfasser zahlreicher Artikel, Hörspiele usf. zu (religions)pädagogischen Fragen.

Stefan Vanistendael

Soziologe und Bevölkerungswissenschaftler. Mitarbeiter des BICE (Internationales Büro für das Kind) in Genf. Publizist sowie Referent zur Resilienz-Thematik in vielen Ländern.

Marco Vannotti

Familientherapeut. Privatdozent an den Universitäten von Lausanne und Neuenburg, Verantwortlicher der psychiatrischen Abteilung der medizinischen Poliklinik der Universität Lausanne Zahlreiche Veröffentlichungen in Fachzeitschriften.

Bücher aus dem TVZ

Hans-Balz Peter, Pascal Mösli (Hrsg.)

Suizid ...?

Aus dem Schatten eines Tabus

Der Suizid ist ein Ereignis im Verborgenen, mit dem sich fast nur die davon Betroffenen beschäftigen. Es liegt der Schatten eines Tabus darauf.
Und doch ist er ein Phänomen, das sehr viele Menschen betrifft: Jede Selbsttötung stellt unser Denken und Handeln in Frage und hinterlässt eine tiefe Verunsicherung und Ratlosigkeit.
Was sind die Gründe, die Menschen zu diesem Schritt bewegen? Sind diese Ursachen und Motive nicht so individuell, wie es die Menschen sind? Wie könnte eine wirkungsvolle Suizidverhütung aussehen?

Im vorliegenden Band äußern sich Fachleute auf verständliche Art und Weise über das Tabuthema Suizid. Die Beiträge kommen aus den Gebieten Medizin, Psychologie, Ethik, Philosophie und Theologie. Sie behandeln aus unterschiedlichen Perspektiven unter anderem die Fragen nach dem Entstehen von Suizidalität, der Suizidverhütung und der Verantwortung der Gesellschaft.
Mit Beiträgen von E. Aebischer, A. Bondolfi, M. Grünewald, F. Gutzwiller, P.-A. Michaud, K. Michel, M. Perret-Catipovic, H.-B. Peter, H. Poltier, H. Saner u. a. m.

2003, 173 Seiten, Paperback
CHF 28.00, EUR 18.00 (D)/18.50 (A)
ISBN 3-290-17259-7